LA SÉPARATION

DES ÉGLISES ET DE L'ÉTAT

LA SÉPARATION

DES ÉGLISES ET DE L'ÉTAT

PAR

A. ANDRÉ

Directeur de l'*Avenir de l'Orne et de la Mayenne*

DEUXIÈME ÉDITION

ALENÇON

VEUVE FÉLIX GUY & Cie, IMPRIMEURS-ÉDITEURS

11, RUE DE LA HALLE-AUX-TOILES, 11

1903

PRÉFACE

La séparation des Eglises et de l'Etat est à l'ordre du jour ; en principe, elle compte parmi ses partisans la majorité du Sénat et de la Chambre des députés. Cependant, il n'est pas certain qu'elle soit votée pendant cette législature ; c'est que la masse populaire n'est pas préparée suffisamment à l'application de ce régime de liberté religieuse et les hommes politiques n'osent pas se lancer dans l'inconnu.

Ce livre est un livre de propagande ; puisse-t-il se répandre et servir au triomphe de la noble cause de la justice et de la liberté.

Nos études historiques et les documents que nous ont laissés nos deux ancêtres, députés aux Etats-Généraux de 1789, l'un de la noblesse, l'autre du Tiers-Etat, nous ont permis de suivre pas à pas l'œuvre religieuse en France depuis plus d'un siècle. Il résulte clairement, croyons-nous, de notre étude que la séparation des Eglises et de l'Etat est un devoir pour les vrais républicains.

Si notre projet, — qui relève de la méthode évolutionniste, — est adopté, les membres du clergé y gagneront en indépendance et même en sécurité, les droits acquis seront en tout cas sauvegardés. Le développement des idées religieuses n'aura pas à en souffrir, car toutes les religions seront placées dans les meilleures conditions pour parler au peuple et l'élever. Nous aurons les Eglises libres dans l'Etat libre.

*
* *

Nous avons publié cette étude sous forme d'articles dans notre journal l'*Avenir de l'Orne et de la Mayenne*. Trente-deux journaux républicains les ont reproduits et de toute part on nous a prié de réunir nos articles en brochure. C'est fait.

Nous n'avons pas remanié notre travail, la forme simple, — quelquefois même relâchée — d'articles de journaux, les répétitions inévitables concourront peut-être à faire de notre brochure, une brochure de propagande populaire. C'est ce que nous désirons. Nous serons heureux si nous atteignons notre but et si nous contribuons à hâter la solution qui s'impose de la séparation des Eglises et de l'Etat.

A. ANDRÉ,
Dʳ de l'*Avenir de l'Orne*.

LA SÉPARATION DES ÉGLISES ET DE L'ÉTAT

Alençon, le 7 août 1902.

Avant d'exposer un projet de séparation des Eglises et de l'Etat, il est indispensable de résumer l'histoire religieuse de la France du 18 septembre 1794 au 10 septembre 1801. C'est, en effet, le 18 septembre 1794 que la Convention vota la séparation des Eglises et de l'Etat, et c'est le 10 septembre 1801 que le régime prit fin par l'adoption du Concordat qui ne fut promulgué, il est vrai, que 7 mois plus tard.

M. Aulard, le savant historien de la Révolution, établit que la Convention régla la question des rapports de l'Eglise et de l'Etat par quatre lois :

1º En septembre 1794, elle sépara l'Eglise et l'Etat.

2º En février 1795, elle établit la liberté des cultes.

1

3° En mai 1795, elle rendit les Eglises au culte, à condition que les ministres se soumissent aux lois de l'Etat:

4° En septembre 1795, elle réglementa la liberté des cultes aussi largement que c'était possible.

Et qu'on ne croie pas au mécontentement du clergé catholique, on se tromperait ! Le gouvernement, le clergé, les fidèles furent satisfaits de ce nouveau régime qui laissait à tous la liberté absolue au point de vue religieux.

Le point de départ de cette nouvelle organisation fut la question financière. Le clergé recevait deux sortes de *salaire* : les *pensions* et le *traitement*. Les pensions avaient été accordées tant aux curés qu'aux moines en raison des bénéfices supprimés. Un décret du 27 septembre les avait réduites de façon à ce que le maximum de chaque pension n'excédât pas 1.000 livres.

Quant au *traitement*, la Convention déclara à trois reprises différentes qu'elle le maintiendrait. Elle espérait attirer le clergé à sa politique, mais il n'en fut rien. Cambon proposa le vote d'un avertissement sévère au clergé, surtout au haut clergé. En vertu de la *Constitution civile*, les évêques touchaient 50.000 livres à Paris, 20.000 dans les villes au-dessus de 50.000 habitants et 12.000 dans les autres.

La Convention réduisit leur traitement uniformément à 6.000 livres ; de plus, elle supprima le traitement de tous les vicaires épiscopaux en accordant une pension de 1.200 livres à tous ceux qui étaient en place le jour de la promulgation du décret.

Bientôt les terribles embarras du trésor firent leur apparition et les *pensions* et le *traitement* du clergé cessèrent d'être payés. Un grand nombre de paroisses fermèrent d'ailleurs leurs églises ; les emplois du clergé se trouvant supprimés, les traitements et les pensions disparaissaient en même temps.

Naturellement les membres du clergé protestèrent et Cambon se fit charger par le Comité des finances de la *Convention* de proposer la séparation des Eglises et de l'Etat.

Le premier principe du projet de Cambon était le suivant : « La République française ne paie plus les frais ni les salaires d'aucun culte ». Et Cambon justifiait mieux cette mesure au point de vue économique qu'au point de vue religieux. Il y avait cependant des mesures transitoires « accordant aux prêtres actuellement en exercice des secours annuels ».

L'opinion publique interpréta ce décret comme un acte de désarmement vis-à-vis du catholicisme qui avait été jusque-là combattu par la *Convention* et qui put désormais se développer librement. Les églises se rouvrirent dans la plupart des paroisses et, en 1795, Boissy-d'Anglas, dans un rapport, se félicitait de la séparation des Églises et de l'Etat : «Vous êtes parvenus, disait-il, à rendre étrangère au Gouvernement une puissance longtemps sa rivale ; et, pendant que la philosophie la présentait aux yeux des hommes dépouillée de ce qui devait séduire en elle, vous l'avez expulsée à jamais de votre organisme politique..... Citoyens, le culte a été banni du gouvernement, il n'y rentrera plus... L'idéal serait que les hommes s'éclairassent des lumières de la raison et s'attachassent les uns aux autres par les seuls liens de l'intérêt commun, par les seuls principes de l'organisation sociale, par ce sentiment impérieux qui les porte à se respecter et à se chérir. » Boissy-d'Anglas proposait ensuite de voter la liberté absolue de tous les cultes. C'est ce qui fut fait. « La nouvelle loi proclama donc la liberté de tous les cultes, et elle renvoya en police correctionnelle ceux qui contrarieraient ou outrageraient l'exercice d'un culte. Elle déclara que l'Etat n'en salariait et n'en logeait aucun, interdisant toute cérémonie extérieure, tout signe extérieur, toute inscription extérieure, ainsi que toute proclamation ou convocation publique. Nul ne pourrait paraître en public avec les habits, ornements ou costumes affectés à des cérémonies religieuses. Tout rassemblement pour l'exercice d'un culte serait sous la surveillance de la police. Les communes ne pourraient acquérir ni louer de local pour le culte, il ne pourrait être formé aucune dotation perpétuelle ou viagère, ni établi aucune taxe pour en acquitter les dépenses. »

Le clergé catholique accueillit cette loi avec enthousiasme. Les prêtres réfractaires qui avaient émigré rentrèrent un à un. Les évêques se réunirent à Paris le 15 mars 1795 et « ils se félicitèrent de la séparation des Eglises et de l'Etat ». Puis ils jetèrent les bases de leur organisation en Eglise gallicane. Les arrondissements ecclésiastiques de 1790 étaient conservés ainsi que les paroisses. C'était la Constitution civile, mais sans l'attache et la consécration de l'Etat.

Le clergé vécut très heureux, mais il lui manquait les édifices pour célébrer les cérémonies du culte et les presbytères pour y habiter. La loi des 6 et 7 vendémiaire an IV les leur rendit. Cette loi établissait en même temps des garanties contre tout culte qui tenterait de devenir exclusif ou dominant. Les principales mesures de police prises d'après cette loi furent :

1° Défense de publier aucun écrit émanant d'un ministre du culte habitant hors de France ;

2° Gêne à perpétuité contre tout prêtre qui provoquerait au rétablissement de la royauté ;

3° Deux ans de prison au ministre qui parlerait contre la vente des biens nationaux.

C'étaient là évidemment des mesures de circonstance ; mais le clergé les accepta comme des mesures de justice et il en fut reconnaissant à la Convention.

Nous verrons dans un prochain article comment le Concordat brisa cette harmonie existant entre le clergé gallican et l'Etat.

A. ANDRÉ.

DEUXIÈME ARTICLE

Alençon, le 26 août 1902.

Bonaparte sut donner satisfaction au clergé catholique en appliquant, dans un esprit large, le régime de la séparation des Eglises et de l'Etat.

Mais après avoir appliqué ce régime avec autant de succès que d'habileté, il le désorganisa par le Concordat, par les articles organiques, par une foule de mesures contraires aux principes de 1789, et il rendit insensiblement, à la religion catholique, apostolique et romaine, sa situation de religion d'Etat.

Cependant, au moment où Bonaparte songea, pour dominer l'Eglise catholique, à la remettre entre les mains du pape qui, croyait-il, serait son homme-lige, la situation des divers groupes religieux, en France, était acceptée avec reconnaissance par les Eglises et fort avantageuse pour l'Etat.

« Ni les théophilanthropes, ni les protestants, ni les catholiques ci-devant constitutionnels n'avaient à se plaindre soit du régime, soit du gouvernement, et il ne subsiste aucune trace d'un mécontentement grave de leur part. » Seul, le clergé papiste, non rallié à la République, « manifestait contre la Révolution, une haine, une colère irréconciliables ».

Or, c'est au pape que le Premier Consul va sacrifier tous les cultes non catholiques et aussi l'Eglise catholique gallicane. Avant d'examiner comment il rendit à l'Eglise romaine son ancienne prépondérance, il est bon de constater que, d'après un document historique de l'année 1800, « à cette époque, la religion catholique ne règne exclusivement nulle part, que l'instruction publique reste laïque, que l'Etat est laïque, que l'Etat est libre et maître. »

Dès le 18 brumaire, Bonaparte songeait à modifier le régime de la séparation des Eglises et de l'Etat, beaucoup plus pour asserver les Eglises que par sentiment religieux, « car il était impénétrable à l'esprit religieux, incapable même d'envisager la religion au point de vue de la conscience ». En tout cas, en rédigeant la Constitution de l'an VIII, il n'y parla pas de la religion.

Dès le 5 juin 1800 (16 prairial an VIII), il dit

aux curés de Milan : « Les Français sont de la même religion que vous. Nous avons bien eu quelques disputes ensemble, mais tout cela se raccommode et s'arrange. » Victorieux à Marengo, il fit célébrer un *Te Deum* à Milan, « *malgré ce qu'en pourront dire nos athées de Paris.* » Puis, par le cardinal Martiana, évêque de Verceil, il proposa au pape d'élaborer un Concordat. Le pape accepta aussitôt d'entrer en pourparlers et envoya à Bonaparte Mgr Spina, archevêque de Corinthe, assisté d'un théologien, le P. Caselli. — Du moment que Bonaparte acceptait de discuter avec les représentants du pape, il était pris. Pour satisfaire son ambition, il demandait un Concordat ; mais ce fut l'Eglise catholique qui en bénéficia. Tous les cultes dissidents disparurent ou furent obligés de se faire oublier pour ne pas s'exposer aux foudres du Premier Consul.

Le clergé constitutionnel lui-même se soumit au pape, et « dans l'ensemble de l'œuvre de destruction et de réaction plus ou moins accomplie par Bonaparte, c'est le Concordat, surtout par ses conséquences et par la manière dont il fut appliqué, qui apparaît comme l'acte contre-révolutionnaire par excellence ».

Au début des négociations, Bonaparte offrit de proclamer la religion catholique religion d'Etat; mais après la victoire de Hohenlinden, il retira sa promesse et imposa cette formule qui fut adoptée :

« La religion catholique, apostolique et romaine est la religion de la grande majorité des citoyens français ». Le principe de « l'Etat indépendant » paraissait sauvegardé, mais il n'y avait là qu'une apparence, car on permettait au pape de « reconnaître » que les Consuls de la République faisaient une « profession particulière » du culte catholique. De plus, il était établi que dans le cas où quelqu'un des successeurs du Premier Consul actuel ne serait pas catholique, il faudrait faire un traité pour régler le mode de nomination des évêques. D'après le décret du 24 messidor an XII, Bonaparte, devenu empereur, assigna, dans l'ordre des préséances, la première place au clergé catholique. Le préfet lui-même avait rang après l'archevêque, et nous vivons encore, en l'an de grâce 1902, sous ce régime de prétendue neutralité religieuse, après trente-deux années de République. Comment voulez-vous que l'Eglise catholique s'incline devant les lois civiles, attendu que ses ministres ont le pas sur les préfets du gouvernement?

Il est évident que le Concordat, les articles organiques, et les mesures qui suivirent ont constitué l'Eglise romaine en France dans un état de prépondérance tel que cent ans plus tard, — en 1902, — elle devait forcément avoir étouffé les autres églises. Si elle ne l'a pas fait, c'est grâce à l'esprit de libre examen du peuple français et c'est grâce aussi au développement de l'enseignement laïque. Néanmoins, elle possède aujourd'hui, dans toutes les communes de France, un ou plusieurs ministres et un ou plusieurs édifices consacrés au culte. Comparez cette situation à celle des autres cultes et concluez.

Les articles 2, 3 et 5 du Concordat abolissaient formellement le régime de la séparation. Ils établissaient, en effet, que le pape et le gouvernement français feraient de concert une nouvelle circonscription de diocèses, que le pape demanderait ou imposerait leur démission à tous les titulaires actuels des archevêchés et des évêchés et que le premier Consul nommerait aux archevêchés et aux évêchés, le pape se réservant de conférer l'institution canonique suivant les formes établies par rapport à la France avant le changement de gouvernement.

Les évêques nommeraient aux cures, mais ils ne pourraient choisir que des personnes agréées par le gouvernement (art. 10).

D'ailleurs les articles 6 et 7 exigeaient des évêques et des curés un serment de fidélité, comme fonctionnaires de l'Etat. Peut-être n'est-il pas inutile, à l'heure actuelle, de rappeler ce serment aux prélats et aux curés qui se révoltent contre la République. En effet, le Concordat existe toujours et aussi le serment de fidélité : « Je jure et promets à Dieu, sur les Saints-Evangiles, de garder obéissance et fidélité *au gouvernement établi* par la constitution de la République française. Je promets aussi de n'avoir aucune intelligence, de n'assister à aucun conseil, de n'entretenir aucune ligue, soit au dedans, soit au dehors, qui soit contraire à la tranquillité publique ; et si, dans mon diocèse ou ailleurs, *j'apprends qu'il se trame quelque chose au préjudice de l'Etat, je le ferai savoir au gouvernement.* »

Le gouvernement s'engageait à assurer « un traitement convenable » aux archevêques, aux évêques et aux curés ; mais il ne promettait rien aux abbés desservants des paroisses, — des « *succursales* », selon les termes employés dans la convention — aux vicaires-généraux et autres ministres du culte. Le pape prenait, de son côté, un autre engagement formel qu'il est essentiel de mettre en lumière : il renonçait aux biens possédés jadis par l'Eglise catholique en France. L'article 13 du Concordat stipulait que « ni le pape actuel, ni ses successeurs ne troubleraient en aucune manière les acquéreurs des biens ecclésiastiques aliénés, et qu'en conséquence la propriété de ces mêmes biens, les droits et revenus y attachés demeureraient incommutables entre leurs mains ou celles de leurs ayants cause ».

Ainsi fut rétablie et même aggravée l'ancienne confusion de l'Eglise et de l'Etat. — Le clergé catholique français ne voulait pas accepter le Concordat, car il était satisfait du régime de la séparation des Eglises et de l'Etat. Le pape et son entourage en étaient enchantés, car le Concordat lui livrait l'Eglise gallicane.

De son côté le premier Consul croyait asservir par cette convention l'Eglise catholique; mais il était à peu près seul de son avis. L'armée qui avait combattu si souvent les prêtres romains acharnés contre la Patrie blâmait le premier Consul. Les généraux assistèrent de mauvaise grâce à la cérémonie de Notre-Dame le 28 germinal an X, dimanche de Pâques 1802, où fut célébrée la promulgation du Concordat. Le premier Consul ayant demandé au général Delmas : « Comment trouvez-vous la cérémonie ? » Celui-ci répondit : « C'est une belle capucinade. Il n'y manque qu'un million d'hommes qui ont été tués pour détruire ce que vous rétablissez. » Il circulait, dit Thibaudeau, une caricature représentant le premier Consul se noyant dans un bénitier et des évêques qui le repoussaient au fond de l'eau avec leurs crosses.

A. ANDRÉ.

TROISIÈME ARTICLE

Alençon, le 28 août 1902.

Bonaparte sentait bien que le Concordat n'était pas favorablement accueilli en France. Il ne se décida qu'après bien des hésitations à le soumettre au Conseil d'Etat. Celui-ci, d'ailleurs, « en accueillit la lecture avec une froideur significative et avec quelques éclats de rire à certaines expressions mystiques » (Rœderer.) Le Tribunat et le Corps législatif ne l'acceptèrent que s'il était suivi et complété par les « Articles organiques » et que si l'Eglise réformée et l'Eglise de la confession d'Augsbourg » étaient maintenues officiellement, leurs ministres étant payés par l'Etat. Il n'en résulta pas moins que les cultes protestants furent en quelque sorte mis en tutelle et qu'ils ne contrebalancèrent point la prépondérance, sans cesse croissante, du catholicisme romain. « Trop heureux de vivre, ils n'exercèrent pas de propagande, n'augmentèrent pas leur clientèle, laissant entièrement le champ libre à la propagande catholique ».

Quant au culte israélite, il n'en fut pas question. C'est le décret du 17 mars 1808 qui le réglementa. L'Empereur s'aperçut alors qu'il y avait en France des Israélites.

Les « Articles organiques » avaient pour but de soumettre l'Eglise à l'Etat et d'établir la police des cultes. — Quelques articles seulement mécontentèrent le pape et le clergé, par exemple, ceux qui établissaient « qu'il ne pourrait y avoir aucune cérémonie hors des églises dans les villes où il existait des temples d'autres cultes, qu'on ne pourrait ouvrir ni chapelles ni oratoires sans la permission du gouvernement; que les ministres des cultes, en dehors des temples, devraient s'habiller à la française et en noir; qu'il leur était défendu de parler de politique en chaire ou d'attaquer un autre culte; qu'ils ne pouvaient donner la bénédiction nuptiale à des gens non mariés devant le maire. »

D'aucuns affirment que le pape ne ratifia pas les articles organiques prévus cependant par l'article 1er du Concordat. Il n'avait pas à les ratifier : « Ce n'était pas un traité, c'était une loi d'Etat. » Le pape ne désavoua que le mode de publication employé par Bonaparte. Ces règlements de police avaient, en effet, été publiés comme s'ils formaient un seul et même texte avec le Concordat.

Mais le pape comprit que les « articles organiques » ne seraient appliqués que durant la vie de Bonaparte, et il se résigna bien vite à n'adresser aucune protestation au Premier Consul, qui, d'ailleurs, n'était pas toujours disposé à l'entendre avec calme. Le Concordat et les « articles organiques » constituèrent donc le régime nouveau qui abolit celui de la séparation des Eglises et de l'Etat. — Nous vivons encore sous le régime du Concordat et des articles organiques de 1802.

Les catholiques romains ne mettent en lumière que la brutalité de Bonaparte se querellant avec l'Eglise, « enlevant, incarcérant le pape, emprisonnant ou déportant les prêtres, menant les séminaires comme des régiments, prohibant les missions à l'intérieur, réglementant la vente des indulgences et des prières ». Mais ces mesures ne sont rien en comparaison des avantages accordés à l'Eglise catholique par le Concordat et les mesures qui suivirent.

D'ailleurs, toutes les fois que Napoléon Bonaparte usa de violence à l'égard du clergé, il en obtint pour ainsi dire le pardon en lui accordant de nouveaux privilèges et en lui consentant d'importantes concessions.

Le Concordat n'avait promis de traitement qu'aux archevêques (15.000 fr.), aux évêques (10.000 fr.), aux curés (1.500 et 1.000 fr.). Il ne devait pas y avoir de curés en dehors des chefs-lieux de cantons. Or, le Premier Consul admit l'établissement, dans les autres communes, de succursales avec des desservants nommés et révoqués par les évêques. Ces desservants devaient être choisis parmi les ecclésiastiques qui recevaient une pension comme ex-possesseurs de bénéfices supprimés. Cette pension, jointe au produit des oblations, formerait le traitement du desservant. Quelque temps après, Bonaparte permit aux évêques de choisir à leur gré les desservants, et il leur accorda le même traitement à tous s'ils acceptaient le Concordat.

Il fit mieux. Un arrêté du 18 germinal an XI autorisa les Conseils généraux et les municipalités à voter aux desservants un supplément de traitement. Rœderer nous apprend qu'en Normandie seulement aucune municipalité ne vota un supplément de traitement.

Mais où sont les neiges d'antan?

Le 11 prairial an XII, l'Empereur accorda

comme don de joyeux avènement, outre le logement aux frais de la commune, un traitement de 500 francs à chaque desservant, et il porta le nombre des succursales à 30.000. De plus, il accorda un traitement aux chanoines, aux vicaires généraux, aux cardinaux, aux évêques qui avaient démissionné à l'occasion du Concordat. Enfin, par privilèges, il déclara tous ces traitements insaisissables.

La première année de l'application du régime, le budget des cultes ne s'éleva qu'à cinq millions, en y comprenant les pensions. En 1807, il s'élevait à 17 millions, et le chiffre des pensions atteignait 23 millions. Comme les dépenses se fusionnèrent bientôt, le budget des cultes s'éleva à 40 millions et, cependant, en appliquant strictement le Concordat, l'Etat ne devait que 5 millions au clergé. Il est facile de calculer la somme énorme que l'Etat a versée en trop à l'Eglise catholique depuis cent ans, ce qui n'empêche pas MM. les Cléricaux de crier qu'on a volé leurs biens et qu'on doit les leur rendre...

Mgr Le Camus, évêque de la Rochelle, n'invitait-il pas récemment l'Etat à régler ses comptes avec l'Eglise ? — En somme, l'Etat ne perdrait peut-être pas à cette opération tant souhaitée en apparence par les catholiques.

Ajoutons que, par divers arrêtés, une partie de ceux des biens qui n'avaient pas été aliénés furent rendus au clergé. « Grâce à ces libéralités spontanées, l'Eglise romaine put se réorganiser de manière à redevenir, sous une autre figure, aussi puissante qu'au temps de l'ancien régime ».

Napoléon Bonaparte, Premier Consul ou Empereur, permit même, soit officiellement, soit par tolérance, le rétablissement d'un grand nombre de congrégations et de communautés religieuses.

Le décret du 2 janvier 1812 ne les abolit que dans une partie de la France, dans les départements « réunis ».

Le Concordat et les « Articles organiques » ne reconnaissaient pas les Congrégations abolies par la Révolution.

Il est donc clairement établi que le Concordat favorisa démesurément l'Église catholique romaine et que, pourtant, si l'État lui appliquait aujourd'hui, comme il en a le droit et le devoir, le régime du Concordat, elle crierait à la persécution.

Afin de répondre, une fois pour toutes, à ceux qui prétendent que la Révolution a volé les biens du clergé dont le revenu était supérieur, disent-ils, au traitement que l'État lui accorde, nous allons publier *in-extenso* le décret du 2 novembre 1789, accepté avec reconnaissance par tous les membres du clergé faisant partie de l'Assemblée nationale constituante :

« L'Assemblée nationale décrète :

1° Que tous les biens ecclésiastiques sont à la disposition de la Nation ; à la charge de pourvoir, d'une manière convenable, aux frais du culte, à l'entretien de ses ministres, et au soulagement des pauvres, sous la surveillance et d'après les instructions des provinces.

« 2' Que dans les dispositions à faire pour subvenir à l'entretien des Ministres de la Religion, il ne pourra être assuré à la dotation d'aucune cure moins de *Douze cents livres par année*, non compris le logement et les jardins en dépendant.

« Collationné à l'original, par nous, président et secrétaires de l'Assemblée nationale. A Paris, le trois novembre mil sept cent quatre-vingt-neuf. Signé ; Camus, président ; Thibault, curé de Souppes ; le marquis de Rostaing, Touret, Target, Alexandre de Lameth, secrétaires. »

Les *curés* seulement avaient une dotation de 1.200 livres par an. — En signant le Concordat, le pape a renoncé à tous les biens de l'Église catholique, moyennant le paiement annuel de cinq millions par an (traitement et pensions) au clergé catholique. A la rigueur, l'État ne pourrait devoir davantage au clergé.

A. ANDRÉ.

QUATRIÈME ARTICLE

Alençon, le 30 août 1902.

Nous allons maintenant examiner ce que le Concordat et les « Articles organiques » sont devenus depuis 1802 jusqu'à nos jours, c'est-à-dire dans l'espace de cent ans.

Peu à peu, le pape et le clergé catholique, en procédant par insinuations, selon la méthode jésuitique, par menaces, comme au temps de l'Inquisition, ou en faisant appel à la pitié, en criant à la persécution, ont réussi à tourner les lois qui les gênaient et à n'observer du Concordat que les articles qui les favorisaient.

Nous allons résumer les violations flagrantes par le clergé de la loi organique appelée Concordat ; mais en insistant sur les avantages financiers que l'Église catholique a su s'octroyer avec la complaisance du gouvernement. En effet, le régime de la séparation des Églises et de l'État que nous rêvons, accordant à toutes les religions la liberté pleine et entière, les ministres du culte deviendront donc libres d'agir à leur guise comme les autres citoyens. Ils ne pourront se plaindre des avantages qu'ils acquerront ainsi, beaucoup plus grands, somme toute, que ceux dont ils jouissent en ce moment.

La discussion ne saurait donc porter que sur la question financière, et c'est pourquoi le clergé catholique s'écrie avec de grands gestes quand on lui parle de séparer les Églises et l'État : « Que l'État règle d'abord ses comptes avec l'Église ! »

Il nous faudra donc insister sur la partie financière de la question ; nous essaierons de la traiter à fond.

Mais ne serait-ce qu'à titre de document, voyons ce que le Concordat est devenu en 1902, comme loi organique, et pour procéder simplement, suivons l'ordre des articles.

L'article 2 disait :

Il sera fait par le Saint-Siège, de concert avec le gouvernement, une nouvelle circonscription des diocèses français.

D'un commun accord, le Premier Consul et

le Pape fixèrent à *soixante* le nombre des diocèses ; on en compte aujourd'hui *quatre-vingt-douze*. Il y a donc 32 prélats en France qui ne sont pas prévus par le Concordat et qui n'en travaillent pas moins contre cette gueuse de République qui commet l'infamie de les payer en ne leur devant rien. Peut-on comprendre un pareil gouvernement de persécution ?

D'après l'article 4 :

Le Premier Consul de la République *nommera dans les trois mois* qui suivront la publication de la bulle de Sa Sainteté, aux archevêchés et évêchés de la circonscription nouvelle. Sa Sainteté *conférera* l'institution canonique suivant les formes établies par rapport à la France avant le changement de gouvernement.

Il n'y a pas la moindre place laissée à l'interprétation ; les expressions sont péremptoires : Le Premier Consul, — c'est-à-dire le gouvernement — *nommera* les archevêques et les évêques et le pape sera obligé de leur *conférer* l'institution canonique.

Or, que se passe-t-il actuellement ?

Le pape a fait accepter au gouvernement français la nécessité de *l'accord préalable*. Le gouvernement présente au pape une liste de candidats qui est soumise au contrôle de Rome. Si les candidats de l'Etat déplaisent au pape, il refuse de leur conférer l'institution canonique. Sous le ministère Méline, le Gouvernement a subi des nominations imposées par le Souverain Pontife. Et c'est ainsi que le Gouvernement français s'est laissé dépouiller par le pape de ses droits concordataires.

Les articles 6 et 7 exigeaient des archevêques, des évêques et des curés le serment de fidélité au Gouvernement. On sait ce qu'est devenu ce serment et comment les prélats et les curés catholiques traitent cette gueuse de République ; il est inutile d'insister.

L'article 10 traite de la nomination des ecclésiastiques de second ordre :

Les évêques nommeront aux cures. Leur choix ne pourra tomber que sur des personnes agréées par le gouvernement.

Puisque les évêques étaient *nommés* par le Premier Consul et lui avaient prêté serment de fidélité, ils pouvaient sans inconvénient choisir et nommer les curés. Cependant, les autorités civiles, représentées par les Préfets, devaient agréer les curés choisis par les évêques.

Cette précaution était sage; mais elle est actuellement peu efficace.

Cependant, la plus grave violation de cet article 10 a été la création des *succursales*, au nombre de 30.000 sous le Consulat et qui, actuellement, dépassent 40.000. Le Concordat ne reconnaissait que les archevêques, les évêques et les curés. Légalement, le gouvernement français n'est nullement lié avec les desservants et les vicaires, de par la loi organique elle-même. Il est facile de comprendre quel profit l'Eglise catholique, romaine a pu tirer de cette multiplicité imprévue, illégale et inespérée de ministres du culte !

Les autres articles du Concordat que nous n'examinerons pas ici traitent en général de la question financière ; nous les étudierons prochainement.

Rappelons seulement, avant de passer aux articles organiques, les articles 16 et 17 du Concordat.

Article 16. — Sa Sainteté reconnaît dans le Premier Consul de la République française les mêmes droits et prérogatives dont jouissait près d'elle l'ancien gouvernement.

Article 17. — Il est convenu entre les parties contractantes que, dans le cas où quelqu'un des successeurs du Premier Consul actuel ne serait pas *catholique*, les droits et prérogatives mentionnés dans l'article ci-dessus, et la nomination aux évêchés, seront réglés, par rapport à lui, par une nouvelle convention.

Peut-on songer sans en frémir d'inquiétude, à ce qui arriverait si le Congrès nommait, quelque jour, un protestant ou un juif président de la République ! Le pape serait capable de demander une nouvelle convention au risque d'amener la dénonciation du Concordat.

Mais nous y songeons : la plupart des présidents de la troisième République ont été francs-maçons et, par conséquent, excommuniés ; peut-on les considérer quand même comme catholiques ? Le pape infaillible peut-il accepter d'entrer en négociations concordataires avec un franc-maçon, avec un excommunié ? Quelle entorse donnée par le pape lui-même au dogme et à la doctrine orthodoxe du syllabus ! Les catholiques devraient en être effrayés. — Voyons, Saint-Père, cette situation ne peut durer ; dénoncez le Concordat, tirez le premier.

A. ANDRÉ.

CINQUIÈME ARTICLE

Alençon, le 4 septembre 1902.

Nous répétons que les « Articles organiques » ne constituent qu'un règlement de la police des cultes, le pape n'avait pas à les accepter ou à les désapprouver. D'ailleurs, chaque gouvernement peut, à son usage, établir des « Articles organiques » sans tenir compte de ceux qui sont dus à Bonaparte. Une seule règle est à observer : les « Articles organiques » ne doivent pas violer le Concordat établi d'un commun accord entre le pape et le gouvernement.

Si Bonaparte a favorisé le pape et le clergé catholique par les « Articles organiques », il n'a donc pas engagé l'avenir et, régulièrement, il ne pouvait pas l'engager. Le gouvernement actuel doit, légalement, observer le Concordat tant qu'il n'est pas dénoncé ; mais il serait libre de supprimer immédiatement les faveurs accordées au clergé catholique par les « Articles organiques ». Inversement le clergé n'est pas libre de refuser obéissance aux « Articles organiques ». En effet, d'après l'article 1er du Concordat :

La religion catholique, apostolique et romaine sera librement exercée en France ; son culte sera public en se conformant aux règlements de police que le gouvernement jugera nécessaires pour la tranquillité publique.

En acceptant la dernière partie de cet article, le pape reconnaissait la validité des « Articles organiques », élaborés par le gouvernement seul, et il prenait l'engagement au nom du clergé catholique de les observer fidèlement. De plus, le serment des prélats et des curés, prévu par l'article 6 du Concordat, liait également le clergé.

Or, aucun gouvernement n'a modifié les « Articles organiques », par conséquent ils ont force de loi et le clergé catholique doit les respecter. Voyons donc comment ils sont observés.

D'après l'article premier :

Aucune bulle, bref, rescrit, décret, mandat, provision, signature servant de provision, ni autres expéditions de la cour de Rome, même ne concernant que les particuliers, ne pourront être reçus, publiés, imprimés, ni autrement mis à exécution, sans l'autorisation du gouvernement.

Tout le monde sait que le pape n'en tient aucun compte et que, souvent, il n'hésite pas à flétrir ouvertement ou discrètement les actes du gouvernement. Les chaires ont retenti maintes fois des imprécations du pape et du clergé contre l'État républicain et jamais le gouvernement français n'a rappelé le pape au respect de ses engagements.

Le même cas se présente, d'ailleurs, pour la plupart des « Articles organiques ».

Voici l'article 3 :

Les décrets des synodes étrangers, même ceux des Conciles généraux, ne pourront être publiés en France avant que le gouvernement en ait examiné la forme, leur conformité avec les lois, droits et franchise de la République française, et tout ce qui, dans leur publication, pourrait altérer ou intéresser la tranquillité publique.

Depuis cent ans, les prescriptions de cet article n'ont été qu'une seule fois respectées. Le second Empire en était à ses premières années quand le pape Pie IX proclama le dogme de l'Immaculée-Conception. L'empereur, Napoléon III, saisit de la question le Conseil d'Etat qui en délibéra gravement et, par trois voix contre deux sur cinq votants, admit comme véridique ce mode de conception... immaculée. Un décret impérial fut rendu et, avec l'autorisation de l'Empereur, les catholiques français durent introduire le dogme de l'Immaculée-Conception parmi les autres articles de leur foi.

Mais quand, en 1870, le pape se fit déclarer infaillible par un Concile composé d'un grand nombre de prélats venus de toutes les parties du monde, le Conseil d'Etat ne fut pas convoqué pour examiner la question. La proclamation du nouveau dogme se fit, sans qu'en France on songeât même à l'existence de l'article 3 du règlement de la police des cultes.

Du même coup les libertés de l'ancienne Eglise gallicane étaient mortes. Les décisions du pape étant irréformables par elles-mêmes, les archevêques et les évêques n'avaient qu'à les accepter comme un dogme. Ils perdaient par là leur indépendance et leur dignité et devenaient en quelque sorte les esclaves de la cour papale.

Si le gouvernement avait imposé au pape le respect des « Articles organiques », il y gagnait lui-même en autorité et il sauvegardait l'indépendance et la dignité de l'Eglise gallicane. A l'heure actuelle, malgré le Concordat et les « Articles organiques », le clergé catholique français est ultra-mondain et les gouvernements passés en sont en grande partie responsables.

L'article 4 stipule que :

Aucun concile national ou métropolitain, aucun synode diocésain, aucune assemblée délibérante n'aura lieu sans la permission expresse du gouvernement.

Or, des pontifes étrangers, des ecclésiastiques français, des moines réfractaires à nos lois se sont récemment réunis à plusieurs reprises, notamment à Reims et à Lyon, pour organiser la lutte contre la République. Le clergé catholique français agit comme si le Concordat et les Articles organiques n'existaient pas.

Cependant l'article 6 des « Articles organiques » et les articles de 201 à 208 du Code pénal permettraient à l'Etat d'exiger des ecclésiastiques une complète soumission.

L'article 6 est ainsi conçu :

Il y aura recours au Conseil d'Etat dans tous les cas d'abus de la part des supérieurs et autres personnes ecclésiastiques.

Les cas d'abus sont : l'usurpation ou l'excès de pouvoir, la contravention aux lois et règlements de la République, l'infraction des règles consacrées par les canons reçus en France, l'attentat aux libertés, franchises et coutumes de l'Eglise gallicane, et toute entreprise ou tout procédé qui, dans l'exercice du culte, peut compromettre l'honneur des citoyens, *troubler arbitrairement leur conscience, dégénérer contre eux en oppression ou en scandale public.*

Si cet article 6 était appliqué, en ce moment, aux ecclésiastiques qui « *troublent arbitrairement la conscience des citoyens* » au sujet de la loi des associations, il pleuvrait des appels comme d'abus.

Il ne faut pas regretter d'ailleurs que cette sanction dérisoire soit délaissée. Si l'appel comme d'abus pouvait avoir un résultat pratique avec un Bonaparte qui emprisonnait facilement les ecclésiastiques à Vincennes ou à Fenestrelle, quand ils se permettaient une insolence à l'égard du pouvoir civil, il n'en serait pas ainsi sous un gouvernement démocratique relevant de l'opinion publique.

Un appel comme d'abus signifié, en ce moment, par le Ministre des Cultes à un monseigneur de Quimper, de Clermont, d'Aix ou d'ailleurs, ne soulève que des rires dans le monde catholique. Il faudrait en arriver à la suppression du traitement ou à l'application des articles du Code pénal que nous allons reproduire. Nos juges, objecterez-vous, ne condamneront pas sans répugnance les ecclésiastiques à la prison. Soit ; mais alors le peuple comprendra bien vite que la séparation des Eglises et de l'Etat s'impose puisque le Concordat ne lie que l'Etat et que l'Eglise peut impunément se moquer même du Code pénal.

A. ANDRÉ.

SIXIÈME ARTICLE

Voici les articles du Code pénal que nous avons promis de publier :

EXTRAIT DU CODE PÉNAL

Livre III. Titre I

Art. 201. — Les ministres du culte qui prononceront, dans l'exercice de leur ministère et en assemblée publique, un discours contenant la critique ou censure du gouvernement, d'une loi, d'une ordonnance royale (d'un décret) ou de tout autre acte de l'autorité publique, seront punis d'un emprisonnement de trois mois à deux ans.

Art. 202. — Si le discours contient une provocation directe à la désobéissance aux lois ou autres actes de l'autorité publique, ou s'il tend à soulever ou armer une partie des citoyens contre les autres, le ministre du culte qui l'aura prononcé sera puni d'un emprisonnement de 2 à 5 ans, si la provocation n'a été suivie d'aucun effet ; et du bannissement si elle a donné lieu à la désobéissance, autre toutefois que celle qui aurait dégénéré en sédition ou révolte.

Art. 203. — Lorsque la provocation aura été suivie d'une sédition ou révolte dont la nature donnera lieu contre l'un ou plusieurs des coupables à une peine plus forte que celle du bannissement, cette peine, quelle qu'elle soit, sera appliquée au ministre coupable de la provocation.

Art. 204. — Tout écrit contenant des instructions pastorales, en quelque forme que ce soit, et dans lequel un ministre du culte se sera ingéré de critiquer ou censurer soit le gouvernement, soit tout acte de l'autorité publique, emportera la peine du bannissement contre le ministre qui l'aura publié.

Art. 205. — Si l'écrit mentionné en l'article précédant contient une provocation directe à la désobéissance aux lois ou autres actes de l'autorité publique, ou s'il tend à soulever ou armer une partie des citoyens contre les autres, le ministre qui l'aura publié sera puni de la détention.

Art. 206. — Lorsque la provocation contenue dans l'écrit pastoral aura été suivie d'une sédition ou révolte dont la nature donnera lieu contre l'un ou plusieurs des coupables à une peine plus forte que celle de la déportation, cette peine, quelle qu'elle soit, sera appliquée au ministre coupable de la provocation.

Art. 207. — Tout ministre d'un culte qui aura sur des questions ou matières religieuses, entretenu une correspondance avec une cour ou puissance étrangère sans en avoir préalablement informé le ministre du roi chargé de la surveillance des cultes, et sans avoir obtenu son autorisation, sera, pour ce seul fait, puni d'une amende de cent francs à cinq cents francs, et d'un emprisonnement d'un mois à deux ans.

Art. 208. — Si la correspondance mentionnée en l'article précédent a été accompagnée ou suivie d'autres faits contraires aux dispositions formelles d'une loi ou d'une ordonnance du roi, le coupable sera puni du bannissement, à moins que la peine résultant de la nature de ces faits ne soit plus forte, auquel cas cette peine plus forte sera seule appliquée.

Il serait difficile aux partisans du trône et de l'autel de soutenir que ces articles du Code pénal sont dus à la République et aux sectaires républicains, attendu qu'on n'y parle que du *roi* et des *Ordonnances royales*.

Seulement, le roi tenait à se prémunir contre les ministres du culte, ce qui prouve que la monarchie ne voulait pas sacrifier l'État à l'Église. Comment serions-nous étonnés de voir la République appliquer au clergé catholique ces articles du Code pénal forgés par la Royauté? Cependant, tout le monde est d'accord pour affirmer qu'après 32 ans de République, nos juges hésiteraient à frapper les membres du clergé catholique ; n'est-ce pas reconnaître par là, que les républicains font preuve de faiblesse contre leurs adversaires?

Si au temps de la royauté, les ministres du culte s'étaient permis d'attaquer le gouvernement ou un acte de l'autorité publique, les juges n'auraient pas hésité à les frapper et à les condamner à la prison. A notre époque, l'évêque donne de l'avancement aux prêtres qui critiquent la République et cela sous l'œil bienveillant et paternel de nos gouvernants. Les prêtres n'ont donc qu'à continuer.

D'après le 11ᶜ des « Articles organiques » :

Les archevêques et évêques pourront, avec l'autorisation du gouvernement, établir dans leurs diocèses des chapitres cathédraux et des séminaires. Tous autres établissements ecclésiastiques sont supprimés.

Il est bon de rapprocher de l'article 11, l'article 23 ainsi conçu :

Les évêques seront chargés de l'organisation de

leurs séminaires, et les règlements de cette organisation seront soumis à l'approbation du Premier Consul.

Donc, tous les établissements *ecclésiastiques* étaient supprimés, sauf les chapitres cathédraux et les séminaires et, de plus, l'organisation des séminaires était soumise à l'approbation du gouvernement. Or, le gouvernement reste absolument étranger à l'organisation des séminaires et ces établissements échappent, de par la loi Falloux, à l'inspection universitaire. Le gouvernement n'exerce aucun contrôle sur l'organisation des séminaires et cependant, il subventionne largement ces établissements et même les Chapitres. — Sans empiéter sur la seconde partie de notre étude, — la partie financière, — nous signalerons d'ores et déjà que le 20 février 1806, Napoléon Ier créa le Chapitre de Saint-Denis avec 10 chanoines auxquels il accorda le traitement d'évêques. Nous avons sous les yeux le budget de la République, — *de la gueuse,* — et à la page 1135, nous voyons que le Chapitre de Saint-Denis et les Chapelains de Sainte-Geneviève coûtent 260.000 fr. par an au Trésor (1). Nous y lisons

(1) Nous prenons en général nos exemples dans le budget de 1879.

également que les 2.663 bourses accordées aux séminaristes catholiques sont inscrites au chapitre VI des dépenses pour une somme de 1 million 172.000 francs.

L'Etat aurait donc des raisons financières pour ne pas se désintéresser de l'organisation des Chapitres et des séminaires ; d'ailleurs nos gouvernants n'accomplissent pas leur devoir en *laissant faire et en laissant passer*. Et ne trouvez-vous pas extraordinaire que l'Etat paie 260.000 francs aux Chapelains de Saint-Denis et de Sainte-Geneviève et 1 million 172.000 francs aux séminaires sans que le Concordat lui en fasse un devoir ? Payez toujours, pauvres contribuables, les chapelains seront gros et gras et les séminaristes feront bonne chère à vos dépens ! Le Concordat et les « Articles organiques » disent que les archevêques et les évêques *pourront* établir dans leurs diocèses des chapitres cathédraux et des séminaires ; mais la République est bonne fille, c'est elle qui les établit et les fait vivre.

La voilà bien « l'infâme persécution », n'est-ce pas, Messieurs du clergé ?

Quant à la suppression de tous autres établissements ecclésiastiques dont parle l'article 11, tout le monde sait ce qu'elle est devenue.

Voici les congrégations qui étaient, de par la

loi, et de par l'article 11, supprimées sans exception. Elles pullulent. Napoléon, devenu empereur, donna lui-même l'autorisation aux deux premières congrégations qui se reconstituèrent : les *Lazaristes* et les *Pères des missions étrangères*. Il espérait que ces religieux seraient, entre ses mains, de précieux instruments de propagande dans les pays étrangers ; mais il reconnut bientôt que « ces gens-là ne travaillaient que pour le pape et qu'il était joué ».

Signalons en passant l'article 12 qui dit : « Il sera libre aux archevêques et évêques d'ajouter à leur nom le titre de *citoyen* ou celui de *Monsieur. Toutes autres qualifications sont interdites.* »

Les prélats ont repris les titres de *Grandeur*, d'*Eminence*, d'*Excellence* et de *Monseigneur* que, d'ailleurs, les plus hauts magistrats de la République leur décernent. Nous n'y voyons pas un grand inconvénient ; mais puisque le *Concordat* et les *Articles organiques* ne sont pas abrogés, pourquoi le Gouvernement ne s'en tiendrait-il pas à ce qu'ils prescrivent ?

Nous connaissons des évêques qui se permettent de convoquer eux-mêmes les fonctionnaires des chefs-lieux d'arrondissement de leur diocèse, en vertu du décret du 24 messidor an XII et qui dans les lettres de convocation parlent d'eux à la 3me personne en se décernant du

« Monseigneur ». Cependant, même d'après le décret de messidor, ce sont les autorités civiles, — le préfet et le sous-préfet — qui doivent convoquer les fonctionnaires pour les visites à rendre à l'évêque, de passage dans un arrondissement.

Nous connaissons un inspecteur de l'enseignement primaire qui refusa d'aller présenter son personnel à l'évêque parce que celui-ci l'avait convoqué directement et irrégulièrement.

L'Inspecteur primaire reçut de son Inspecteur d'Académie une lettre qui serait à encadrer; mais l'administration supérieure dut donner raison au fonctionnaire qui avait montré une digne attitude devant un évêque méconnaissant ses droits et ses devoirs. D'ailleurs les lois et règlements couvraient l'inspecteur de l'enseignement primaire.

A. ANDRÉ.

*
* *

Nous publions, à titre documentaire, l'article suivant que nous avons publié dans l'*Echo des Cévennes* :

RÉPONSE AU « VIGANAIS »

Trente-deux journaux républicains reproduisent, en France, mes articles sur la séparation des Eglises et de l'Etat. Dans aucun département, un journal réactionnaire n'a songé à mettre en doute l'exactitude de mes documents. Quant à la solution que je préconise, elle serait acceptée par plusieurs prélats et par un grand nombre de prêtres ; je le sais. Il est clair que les ecclésiastiques actuellement en fonctions, que les ministres de tous les cultes auraient à y gagner. Si, au contraire, la séparation des Eglises et de l'Etat est votée purement et simplement, les prêtres y perdront tout.

Mais le *Viganais* ne m'en traite pas moins, sans me connaître, de Jacobin. Il a une manière de discuter, le *Viganais*, qui est vraiment aimable et courtoise. Voyez-vous, confrère, une insulte, si grosse qu'elle soit, n'a jamais rien prouvé.

Vous prétendez, je crois, que le passage de mon article publié dans l'*Echo des Cévennes* sur les *chanoines* et sur les « séminaires catholiques » *est faux et archifaux*. Tout cela, dites-vous, peut se vérifier à la troisième partie, article 7, du budget de 1902.

Eh bien, examinons de près cette question.

Je ne me rappelle pas si l'*Echo des Cévennes* a dit que je prenais pour exemple le budget de 1879, plusieurs journaux ont commis là une lacune qui a son importance. Ne pouvant reproduire tous les budgets, j'ai fondé mes raisonnements sur un budget intermédiaire, celui de 1879.

Mais prenons le budget de 1902, puisque vous y tenez.

A la page 2383, service des cultes, chapitre 7, nous lisons « allocation aux chanoines »... 236.900 francs.

Au budget de 1890, par exemple, nous lisons : « allocation aux chanoines »... 785.835 francs.

Or, dans mon article, je ne parle que de 260.000 francs de dépenses annuelles pour les chanoines. Je sais bien que le traitement des chanoines est supprimé par extinction ; mais le budget de 1902 porte encore 236.900 francs de dépenses pour ce chapitre et en 1890 il portait 785.835 francs. J'ai établi mes calculs moyens sur 260.000 francs par an depuis 1801 ; il me semble donc que je ne suis pas au-dessus de la vérité. — Voyons, confrère, soyez franc.

Quant aux séminaires catholiques, voyez un peu le chapitre 6 des dépenses pour 1879 et dites-moi s'il n'y a pas pour 2.663 bourses la somme de 1.172.000 francs. A qui pouvez-vous faire croire que l'État paie des bourses aux protestants et non aux catholiques? Jamais l'État n'a payé une seule bourse dans les séminaires protestants. Si, au chapitre 19 du budget de 1902, il y a : « dépenses des séminaires protestants » 26.500 francs, cette somme est attribuée au personnel et à l'administration. Les bourses des élèves sont payées par les fidèles.

Mais puisque nous discutons ce point, dites-moi donc si le personnel des séminaires catholiques ne serait pas payé sur ces chapitres : traitement des curés, 4.421.500 fr.; allocations aux desservants et vicaires, 30.649.000 fr. —

Et maintenant, croyez-vous que si les bourses figurant dans le budget de 1879 ne sont plus dans le budget de 1902, Messeigneurs les archevêques et évêques n'en retrouvent pas le montant dans les chapitres suivants du budget :

Chapitre 10. — Mobilier des archevêchés et évêchés.............................. 19.000 fr.
Chapitre 11. — Loyers et rentes pour évêchés..................... 11.022 fr.

A reporter........ 30.022 fr.

Report.....	30.022 fr.
Chapitre 12. — Entretien des édifices diocésains...............	533.000 fr.
Chapitre 13. — Réparations des édifices diocésains............	875.000 fr.
	1.438.822 fr.

L'Etat ne doit aucun de ces chapitres, et les prélats en bénéficient. Cependant, je n'ai pas tenu compte de ces dépenses dans mes calculs. Ne pouvant prendre tous les budgets un à un, je le répète, j'ai accepté un budget intermédiaire pour exemple, celui de 1879 en général, quelquefois celui de 1896. En somme, mes chiffres restent exacts comme moyenne, et ils sont plutôt favorables aux ecclésiastiques et à la thèse de l'Eglise romaine.

Si le *Viganais* prend un budget quelconque, il lui sera donc facile de prouver que certains de mes chiffres, examinés en détail, sont inexacts. Mais ce procédé n'a rien de concluant.

Pourquoi le *Viganais* compare-t-il les catholiques aux protestants? Est-ce que je ne demande pas la séparation des Eglises et de l'Etat, de l'Eglise protestante comme de l'Eglise catholique? L'Etat ne doit subventionner aucune religion. L'Eglise protestante doit être séparée de l'Etat comme l'Eglise catholique romaine.

Vous voyez la valeur de la conclusion du *Viganais* : « M. André aurait dû résumer tous « ses articles en ces quelques paroles :

« Comme mes amis les jacobins dégénérés, « je ne veux pas la séparation de l'Eglise et « de l'Etat, mais l'asservissement de l'Eglise à « l'Etat, car la liberté pour les prêtres pourrait « bien nous jouer un mauvais tour. En atten- « dant, l'anticléricalisme nous dispense de « faire des réformes ouvrières dont nous sommes « incapables. »

Ce n'est pas sérieux, confrère ! Je ne parle pas de la « séparation de l'Eglise et de l'Etat », mais de la séparation *des Eglises* et de l'Etat. De plus, quand vous aurez lu mon projet, vous verrez que je ne veux pas de l'*asservissement* des prêtres, mais que je demande pour eux la liberté pleine et entière, le droit commun. De plus, j'en fais des *pensionnés* de l'Etat, et encore vous n'êtes pas content !

Si l'Eglise romaine n'a que des défenseurs comme vous, ses intérêts sont vraiment en mauvaises mains.

A. ANDRÉ.

SEPTIÈME ARTICLE

Le 17e des *Articles organiques* est un de ceux qui nous permettent de constater quelle conception avait le Premier Consul des rapports de l'Eglise et de l'Etat. Le voici :

Avant l'expédition de l'arrêté de nomination [d'évêques], celui ou ceux qui seront proposés seront tenus de rapporter une attestation de bonne vie et mœurs, expédiée par l'évêque dans le diocèse duquel ils auront exercé les fonctions du ministère ecclésiastique ; et ils seront examinés sur leur doctrine par un évêque et deux prêtres, qui seront commis par le Premier Consul, lesquels adresseront le résultat de leur examen au Conseiller d'Etat chargé de toutes les affaires concernant les cultes.

Le certificat de bonne vie et mœurs n'est jamais exigé depuis que nous sommes en

4

République. Nos ministres républicains ne veulent pas mettre dans de cruels embarras les évêques chargés de les délivrer.

Quant à l'examen sur la doctrine, il n'a jamais lieu. Cette intervention d'un Conseiller d'Etat en matière dogmatique est, d'ailleurs, assez bizarre, mais très conforme aux idées de Bonaparte qui voulait dominer l'Eglise en France et écarter des fonctions d'évêques ceux qui lui déplaisaient. En somme, à son point de vue, le Conseiller d'Etat contrôleur du dogme le représentait, lui, Bonaparte.

Le Premier Consul avait donc cette conception du Czar, de l'Empereur, du Roi, chef religieux et politique tout à la fois comme en Turquie, en Russie et en Angleterre. Il ne se serait pas cru déplacé dans un Concile pour y discuter les dogmes de l'infaillibilité et de l'Immaculée Conception. D'ailleurs, Constantin le Grand assista bien au Concile de Nicée, et il y prit une grande part à la discussion du phénomène de la Transsubstantiation eucharistique. Napoléon eût volontiers agi comme Constantin.

Nous n'apprécions pas la valeur de l'article 17, mais nous répétons que si l'Eglise catholique veut profiter des *Articles organiques* qui la favorisent, elle doit aussi accepter ceux qui la gênent. Si elle refuse de se soumettre au Concordat et à certains articles organiques, le régime de 1802 doit être dénoncé.

D'après l'article 20 :

Ils (les évêques) seront tenus de résider dans leur diocèse : ils ne pourront en sortir qu'avec la permission du Premier Consul.

Nos ministres savent comment les évêques se moquent de leur permission pour quitter leur diocèse. Ils sont souvent partis en pèlerinages à Lourdes ou à Rome et le Ministre des Cultes ne s'en inquiète point. Le Premier Consul les aurait rappelés à l'ordre ; mais le gouvernement de la République est bienveillant jusqu'à la faiblesse pour ceux qui le combattent et le maltraitent.

L'article 24 stipule que :

Ceux qui seront choisis pour l'enseignement dans les séminaires souscriront la déclaration faite par le clergé de France en 1682 et publiée par un édit de la même année ; ils se soumettront à y enseigner la doctrine qui y est contenue, et les évêques adresseront une expédition en forme de cette soumission au conseiller d'Etat chargé de toutes les affaires concernant les cultes.

Cette obligation n'est jamais remplie. D'ailleurs, depuis que le pape est infaillible, la doctrine gallicane de 1682 n'est plus orthodoxe. Le Syllabus détruit la déclaration de 1682, comme il contredit un grand nombre des articles du Concordat. En 1870, après la proclamation du dogme de l'infaillibilité, de Montalembert déplorait « que la France catholique se fût transformée en basse-cour du Vatican ».

C'est même une des meilleures raisons nous autorisant à dénoncer le Concordat. Puisque le *Syllabus* le contredit et le condamne, puisque le pape est infaillible et engage l'Eglise catholique par toutes ses décisions, et puisque le pape Pie IX a violé les engagements pris par son prédécesseur Pie VII qui avait signé le Concordat, il en résulte que le gouvernement français n'est plus lié par ledit Concordat.

Un contrat synallagmatique engage corrélativement les deux parties contractantes à des obligations réciproques. Dès que l'une des deux manque à ses engagements, l'autre est dégagée des siens propres.

D'après l'article 26 :

Ils (les évêques) ne pourront ordonner aucun ecclésiastique, s'il ne justifie d'une propriété produisant au moins un revenu annuel de *trois cents francs*, s'il n'a atteint l'âge de vingt-cinq ans et s'il ne réunit les qualités requises par les canons reçus en France.

Les évêques ne feront aucune ordination avant que le nombre des personnes à ordonner ait été soumis au gouvernement et par lui agréé.

Il est inutile de faire remarquer qu'on ne tient aucun compte de cet article 26.

Comme l'Eglise a créé, de sa propre autorité, 40.000 paroisses, il lui a fallu, au moins, 40.000 prêtres qui n'avaient pas été prévus par le Concordat. Si les évêques n'avaient ordonné que les ecclésiastiques possédant 300 francs de rente, il est certain que le personnel aurait fait défaut.

Il n'en est pas moins vrai que c'était la loi et que l'Eglise n'avait pas le droit de la violer.

Si quelque article a été violé, c'est bien l'article 32, ainsi conçu :

Toute fonction est interdite à tout ecclésiastique, même Français, qui n'appartient à aucun diocèse.

Vous connaissez l'histoire des moines réfractaires : jésuites, dominicains, capucins, etc... qui parcourent le pays et prêchent constamment dans les Églises. Ils n'appartiennent cependant à aucun diocèse, puisqu'ils n'ont pas d'existence légale ; le gouvernement ne gêne pas leur action.

On a même vu, à Nantes, il y a quelques années, un jésuite prêcher à la chapelle du lycée le jour de la première communion.

En mai 1897, à la suite de l'incendie du Bazar de la Charité, une cérémonie solennelle eut lieu à Notre-Dame de Paris, en présence des grands corps de l'État, des ministres et du Président de la République. Qui fit le sermon de circonstance ? Le moine Ollivier, de l'ordre des Dominicains, congrégation non autorisée, dissoute par les décrets de 1880. Et ce dominicain fut d'une impertinence absolue quand il dit au Président de la République et aux ministres « que les malheurs infligés aux Français depuis 1870 n'étaient que la manifestation de la colère de Dieu, provoquée par la révolte de la République contre l'autorité de l'Église ».

Le gouvernement toléra cette insolence préméditée par l'archevêque de Paris et un moine réfractaire ! Si Bonaparte eût été président de la République ou Premier Consul, nous aimons à croire que le cardinal Richard et le P. Ollivier n'auraient pas risqué impunément une telle impertinence.

Les ecclésiastiques se montraient, au contraire, d'une courtisannerie choquante pour Napoléon.

L'article 39 disait :

Il n'y aura qu'une liturgie et un catéchisme pour toutes les églises catholiques de France.

Le clergé se conforma jusqu'à la Restauration, avec une admirable discipline, à cette prescription. Depuis lors, chaque évêque exploite son domaine avec son catéchisme et il n'enseigne jamais que le président de la République doit être honoré comme le représentant de Dieu sur la terre. Pour Napoléon Ier, il en était autrement. Voici un extrait édifiant du catéchisme impérial de 1807.

A. ANDRÉ.

HUITIÈME ARTICLE

Alençon, le 11 septembre 1902.

Sur le quatrième commandement de Dieu :

D. — Quels sont, en particulier, nos devoirs envers Napoléon Ier, notre empereur?

R. — Nous devons en particulier à Napoléon Ier, notre empereur, l'amour, le respect, l'obéissance, la fidélité, le service militaire, les tributs ordonnés pour la conservation et la défense de l'empire et de son trône.

D. — Pourquoi sommes-nous tenus de tous ces devoirs envers notre empereur?

R. — C'est, premièrement, parce que Dieu crée les empires et les distribue selon sa volonté; en comblant notre Empereur de dons, soit dans la paix, soit dans la guerre, il l'a établi notre souverain, l'a rendu le ministre de sa puissance et SON IMAGE SUR LA TERRE. Honorer et servir notre empereur est donc honorer et servir Dieu même.

D. — N'y a-t-il pas des motifs particuliers qui doivent plus fortement nous attacher à Napoléon Ier, notre empereur?

R. — Oui : car il est *celui que Dieu a suscité dans les circonstances difficiles pour rétablir le culte public de la religion sainte de nos pères*, et pour en être le protecteur.

D. — Que doit-on penser de ceux qui manqueraient à leur devoir envers notre empereur?

R. — Selon l'apôtre saint Paul, ils résisteraient *à l'ordre établi de Dieu même*, et se rendraient dignes de la damnation éternelle.

D. — Les devoirs dont nous sommes tenus envers notre empereur *nous lieront-ils également envers ses successeurs légitimes dans l'ordre établi par les constitutions de l'empire?*

R. — Oui, sans doute ; car nous lisons dans la Sainte-Écriture que Dieu, Seigneur du Ciel et de la Terre, par une disposition de sa volonté suprême et par sa providence, *donne les empires non seulement à une personne en particulier, mais aussi à sa famille.*

Saint Paul, la Sainte-Écriture, Dieu, le Seigneur du Ciel et de la Terre, veillent sur la destinée de l'Empereur et « la damnation éternelle attend ceux qui résisteront *à l'ordre établi par Dieu même* ».

Si saint Paul a raison, nous craignons fort

que les prélats, les curés et les simples desservants qui se révoltent en ce moment *contre l'ordre établi*, aillent brûler éternellement dans l'Enfer.

Un petit tour de Purgatoire ne les sauvera pas même de l'éternelle damnation. (Voir saint Paul et le catéchisme impérial de 1807 qui était celui de tous les diocèses à cette époque).

Que penser de cette abondance d'eau bénite versée sur Napoléon Ier ? Le clergé catholique romain est toujours prêt à flatter les puissances et il n'a jamais d'autre regret que celui d'avoir fait fausse route.

C'est égal, si nous comparons le catéchisme impérial de 1807 sur Napoléon Premier et les insolences du clergé catholique romain vis-à-vis de MM. Loubet, Waldeck-Rousseau et Combes, nous avons de la peine à croire que Napoléon Ier et M. Loubet ont gouverné la France sous le même régime du Concordat. L'histoire d'un pays présente de singulières contradictions et de bizarres et fâcheux illogismes !

Citons maintenant le 43ᵉ des *Articles organiques* ainsi conçu :

Tous les ecclésiastiques seront *habillés à la*

française et en noir. Les évêques pourront joindre à ce costume la croix pastorale et les bas violets.

Si nous étions irrévérencieux, nous dirions comme un polémiste contemporain : « Évêques et curés se sont affranchis de cette prescription parce que la jupe convient mieux à ces messieurs. » En tous cas, d'après les *Articles organiques*, le port de la soutane est interdit aux ecclésiastiques et si le gouvernement leur tolère un costume qui n'est pas l'habit à la française, il doit permettre à tous les citoyens de s'habiller, s'ils le veulent, avec une soutane. Le costume ecclésiastique n'est pas, comme le costume militaire, par exemple, prévu par le décret de messidor et les règlements ultérieurs. On ne peut pas empêcher à un citoyen quelconque de « s'habiller en curé », car les curés n'ont pas un costume spécial reconnu par la loi et les règlements de police.

Comme on le voit, MM. les curés en prennent à leur aise avec le Concordat et les Articles organiques ; le mieux est que leurs violations de la loi ont à la longue force de loi. — Les agissements jésuitiques n'ont jamais eu de plus beaux succès. Les ecclésiastiques catholiques se sont affranchis des prescriptions concordataires tout en faisant accepter au gouvernement ce qu'ils désiraient pour leur prépondérance dans le pays.

Voici l'article 45 :

Aucune cérémonie religieuse n'aura lieu hors des édifices consacrés au culte catholique, dans les villes où il y a des temples destinés à différents cultes.

Il interdit formellement les processions et les manifestations religieuses sur la voie publique. Vous savez comment le gouvernement fait respecter la loi à ce sujet. Cependant la défense formulée dans l'article 45 est péremptoire ; elle est d'ordre étroit comme on dit au Palais.

Il y quelques années, la municipalité de Poitiers, par exemple, avait permis le rétablissement des processions, comme si une municipalité a le droit d'autoriser la violation des *Articles organiques*. Les étudiants et le « Cercle des études sociales » résolurent de processionner comme les catholiques et de marcher dans la rue en sens contraire de la procession cléricale. Naturellement un choc sanglant eut lieu et les croix et les bannières servirent d'armes aux manifestants des deux camps.

Le clergé, soutenu par la municipalité,

poursuivit les manifestants anticléricaux devant les tribunaux ; mais ceux-ci refusèrent de condamner seulement les étudiants et les socialistes. Les agresseurs des deux partis furent également condamnés pour avoir troublé l'ordre sur la voie publique.

Dans d'autres villes du Midi, les mêmes faits regrettables se sont produits et dans les mêmes conditions. N'est-il pas regrettable qu'on permette aux ecclésiastiques de violer la loi en les laissant ensuite crier à la persécution quand on les empêche d'agir en maîtres dans la rue, comme si les règlements ne leur interdisaient pas les manifestations en dehors des édifices consacrés au culte catholique ?

Que le gouvernement fasse appliquer l'article 45 en suivant l'exemple donné par Napoléon Ier et vous entendrez les gémissements et les protestations !

Cependant, nous ne pouvons que répéter à tous les citoyens, aux ecclésiastiques comme aux autres :

Respectez la loi, messieurs !

L'article 52 est du même ordre que l'article 45 :

Ils (les curés) ne se permettront, dans leurs instructions, aucune inculpation directe ou indirecte, soit *contre les personnes*, soit *contre les autres cultes* autorisés dans l'Etat.

On sait comment ils s'acquittent en cela de leurs devoirs. De temps à autre, on supprime quelques traitements ; mais l'évêque indemnise les curés frappés avec le produit de sa mense. Comme ils restent en jouissance du presbytère et de l'église, ils bravent les foudres peu dangereuses du gouvernement.

D'aucuns ont même songé à ouvrir des souscriptions dans les journaux bien pensants pour payer aux curés réfractaires et révoltés des goupillons d'honneur. Encore un peu de temps et on les canonisera. L'évêque de Quimper et l'abbé Le Goff, de Tréguier, n'ont-ils pas publié récemment des lettres insolentes contre la mémoire de Renan, contre la municipalité de Tréguier, qui veut élever une statue à Renan, et contre les juifs, les protestants et les libres-penseurs « qui ruinent la France et la déconsidèrent ? » Les journaux bien pensants ne cessent de les glorifier pour un si bel acte de charité chrétienne et de pacification des esprits. De Cassagnac va sûrement demander une crosse d'honneur pour l'évêque et un goupillon d'honneur pour l'abbé.

A. ANDRÉ.

NEUVIÈME ARTICLE

Alençon, le 13 septembre 1902.

Le 58ᵉ des *Articles organiques* fixe le nombre des archevêchés et des évêchés. Le voici :

Il y aura en France dix archevêchés ou métropoles et cinquante évêchés.

Or, nous possédons aujourd'hui dix-huit archevêques et soixante-quatorze évêques, soit 8 archevêques et 24 évêques de plus que le Concordat n'en prévoit.

Le budget des cultes en est sensiblement augmenté et à l'avantage de 32 prélats seulement, nous n'avons pas même la consolation de dire « à l'avantage de 32 familles ».

D'après l'article 70 :

Tout ecclésiastique pensionnaire de l'Etat sera privé de sa pension, s'il refuse, sans cause légitime, les fonctions qui pourront lui être confiées.

Remarquons d'abord qu'il s'agit de « pension » et non de « traitement ». Ensuite retenons que le gouvernement a parfaitement le droit de supprimer « la pension », le « traitement » des ecclésiastiques réfractaires. Nous avons connu des desservants qui ont refusé les sacrements à de pauvres gens ne pouvant pas les payer ; il est clair que le gouvernement avait le devoir de supprimer le traitement de ces ecclésiastiques.

Le Concordat et ses annexes montrent que Bonaparte avait cru dominer l'Eglise et l'amener à servir son pouvoir personnel. Le Premier Consul a remonté dans le passé jusqu'à la tradition de Louis XIV et même de Saint-Louis, et il a cru assurer le triomphe de l'Eglise gallicane. Pour lui, la puissance du monarque était la puissance souveraine, celle qui avait le dernier mot :

Les règles, disait l'article 3 de la déclaration de l'Eglise gallicane, confirmée par le Concordat, — les règles, les mœurs et la constitution reçues dans le royaume doivent avoir leurs forces et leurs vertus et demeurer inébranlables.

On peut même dire que Bonaparte ajouta encore aux prétentions dominatrices de

Louis XIV. Nous avons vu, en effet, les détails puérils qui se trouvent dans les *Articles organiques* même sur le costume ecclésiastique, sur l'appellation des évêques, et autres cas de la même gravité. Nous avons signalé l'existence de ce catéchisme impérial, célèbre par le ridicule de ses affirmations, approuvé par un grand nombre de hauts dignitaires de l'Eglise qui préféraient flatter l'Empereur que servir la religion. Ce catéchisme semblait lier les destinées du catholicisme français aux destinées de la famille Bonaparte.

Aujourd'hui, tout s'est évanoui. On ne trouverait plus un seul Gallican dans le haut clergé catholique et la doctrine de 1682 n'est plus enseignée dans un seul séminaire. De plus, le *Syllabus* de 1865 condamne cette doctrine comme « perverse, hérétique et damnable » et il dénonce comme « abusives, impies et blasphématoires » les dispositions qui en découlent.

D'un autre côté, Napoléon Bonaparte et sa famille, les rois et les gouvernements républicains ont laissé l'Eglise violer impunément le Concordat et ses annexes. Il en est résulté que le Concordat a été abandonné par le pouvoir civil en même temps qu'il était dénoncé comme abominable par le pouvoir religieux.

Pour qui donc veut-on que le Concordat soit

maintenant une autorité? Serait-ce pour les libres-penseurs qui ne croient pas à la Sainte Eglise catholique et romaine et contre lesquels le *Syllabus* fulmine l'anathème? — Non, assurément.

Il en résulte qu'au point de vue de la logique comme au point de vue de l'histoire, nous avons toute liberté, toute autorité pour séparer les Eglises et l'Etat. — La majorité du Parlement qui a, d'ailleurs, toujours le droit de modifier les lois, semble disposée à dénoncer le Concordat qui a supprimé en France la libre discussion des idées au point de vue religieux. Le catholicisme romain est, chez nous, privilégié; il est toujours la religion de l'Etat en fait, sinon en principe. Dans chaque commune, ou plutôt dans chaque paroisse, le clergé catholique jouit d'un édifice au moins pour le culte et d'un presbytère. Chaque ministre n'a pas plus de quatre ou cinq cents familles à voir pour les maintenir dans la religion romaine. Quelle est la religion qui possède en France, les mêmes privilèges? Si nous ajoutons que le clergé catholique se croit au-dessus des lois et agit en conséquence, nous comprendrons pourquoi le cléricalisme nous envahit et nous opprime. D'ailleurs, d'après les « Monita Secreta » des Jésuites :

« Dieu seul est le législateur suprême.

« L'Eglise a le pouvoir de faire des lois pour accomplir la fin qu'elle se propose.

« Dans la société laïque, les princes seuls peuvent faire des lois en vue du bonheur temporel de leurs sujets, car ils ont reçu de Dieu le pouvoir de gouverner les peuples. Les ecclésiastiques ne sont pas *tenus d'obéir aux lois civiles*, lorsque ces lois sont contraires *aux immunités ecclésiastiques*, ou à leur état ou aux sacrés canons.

« On doit obéir à une loi de l'Eglise qui, prohibée *par un gouvernement civil*, n'est pas acceptée, parce que l'Eglise a reçu son autorité du Christ, et non d'un pouvoir civil dont *elle est tout à fait indépendante.* »

C'est, dans toute sa beauté, le régime de la théocratie. Les prêtres doivent gouverner au nom de Dieu. Le Christ a dit : « Rendez à César ce qui appartient à César et à Dieu ce qui appartient à Dieu » ; mais les prêtres romains ne veulent pas connaître César et le pouvoir civil.

Devons-nous, au contraire, les soumettre à des lois spéciales, à des lois de défense laïque plus dures pour eux que pour les autres citoyens ? Non, ce serait injuste.

N'imitons pas leurs défauts et leur tyrannie.

Le Concordat et les « Articles organiques » doivent être dénoncés ; mais pour faire place au régime de droit commun. Si nous avons insisté sur les violations du Concordat, ce n'était pas pour demander de le remplacer par des lois restrictives contre une partie des citoyens, fussent-ils prêtres catholiques. Nous voulions seulement établir que le régime sous lequel nous vivons au point de vue religieux tombe de vétusté et est devenu un anachronisme.

Mais si nous séparons les Eglises et l'Etat, le clergé catholique n'aura pas à se plaindre, car tous les ecclésiastiques deviendront de simples citoyens, ayant pleine et entière liberté. Nous le répétons, il ne faut établir aucune restriction pour les prêtres. Qu'ils parlent, qu'ils écrivent librement, qu'ils sèment la bonne parole ou ce qu'ils prennent pour elle, tout à leur aise. Qu'ils s'habillent comme ils le voudront ; mais que les autres citoyens aient les mêmes droits. Un ecclésiastique ne doit pas être traité mieux ou moins bien qu'un autre citoyen. Liberté pleine et entière, en respectant les lois établies, régime du droit commun, voilà ce que nous rêvons, au point de vue religieux, quand nous parlons de la séparation des Eglises et de l'Etat. Il nous semble que le clergé catholique n'aura pas à regretter le Concordat et les

« Articles organiques », qui auraient grande-
ment contrarié son action s'ils avaient été appliqués. Nous croyons qu'au point de vue financier, nous pourrons aussi favoriser à la fois le
clergé actuel et l'Etat. — C'est ce que nous
allons maintenant établir.

A. ANDRÉ.

DIXIÈME ARTICLE

Alençon, le 16 septembre 1902.

Jusqu'ici nous sommes pleinement d'accord avec la plupart des membres du clergé. Ils préfèrent, en effet, le régime de la séparation des Eglises et de l'Etat au régime du Concordat. Désormais, si notre projet est adopté, ils seront libres de toutes leurs actions, comme de simples citoyens. Vivant sous le régime du droit commun, ils n'auront plus aucun privilège comme ils ne connaîtront plus aucun règlement restrictif. L'Etat et la loi ne connaîtront plus le prêtre, ils ne verront qu'un citoyen dans chaque ecclésiastique.

Evidemment, le clergé en sera favorisé ; c'est pourquoi il ne demande, à ce point de vue, qu'à être débarrassé du Concordat qui, malgré tout, reste toujours comme une épée de Damoclès suspendue menaçante au-dessus de sa tête. Mais les ecclésiastiques sont inquiets au point de vue financier, et ils n'accepteront volontairement la séparation des Églises et de l'Etat que si les droits acquis sont respectés. Nous sommes tout disposés à ne léser aucun droit, aucun intérêt, et nous espérons que notre projet donnera satisfaction au clergé, car il lui sera favorable.

En admettant même que les ecclésiastiques n'aient aucun droit à une compensation, nous n'en reconnaissons pas moins qu'ils doivent être traités comme si le droit était pour eux. Les gouvernements ont eu tort d'augmenter sans cesse le budget des cultes, c'est incontestable ; mais il n'en est pas moins vrai que l'Etat a pris par là même des engagements vis-à-vis des personnes qui appartiennent actuellement au clergé et que ces personnes doivent compter sur la bonne foi de l'Etat. Non seulement les prêtres actuellement en fonctions doivent voir en ce qui les concerne personnellement leur traitement garanti, mais encore nous devons les favoriser, afin qu'ils n'aient pas le droit de crier à la persécution.

Mais qu'est-ce que l'Etat doit au clergé et que lui paie-t-il ? En répondant à ces deux questions, nous montrerons comment l'Eglise a su obtenir de l'Etat des sommes considérables qui ne lui étaient pas dues et comment le clergé est devenu peu à peu l'esclave de l'argent, au grand détriment de l'idée religieuse.

En 1789, l'Eglise catholique possédait, en France, des propriétés et des revenus. Les âmes charitables ou dévotes avaient fait des dons et des legs au clergé pour soigner les malades, entretenir les pauvres ou acquérir la vie éternelle. Le roi, se joignant aux âmes dévotes, avait cru pratique d'autoriser ces dons et ces legs et d'y joindre lui-même des subventions afin de n'avoir pas à songer aux pauvres et aux malades. Le clergé avait donc reçu des biens en grande partie pour assurer le service de ce que nous appelons l'Assistance publique.

D'ailleurs, nous trouvons, dans le Décret du lundi 2 novembre 1789, l'énumération des charges incombant au clergé et justifiant la possession des biens qui lui appartenaient. L'Assemblée nationale, en rendant ce décret, prend l'engagement formel de remplacer le clergé en ce qui concerne l'organisation des services lui incombant.

En voici le texte :

Extrait du procès-verbal de l'Assemblée nationale
du lundi 2 novembre 1789

L'Assemblée nationale décrète : 1° Que tous les biens ecclésiastiques sont à la disposition de la Nation, à la charge de pourvoir, d'une manière convenable, aux frais du culte, à l'entretien de ses ministres et au soulagement des pauvres, sous la surveillance et d'après les instructions des Provinces ; 2° que dans les dispositions à faire pour subvenir à l'entretien des ministres de la religion, il ne pourra être assuré à la dotation d'aucune cure moins *de douze cents livres par année*, non compris le logement et les jardins en dépendant.

Collationné à l'original par nous Président et Secrétaires de l'Assemblée nationale. A Paris, le trois novembre mil sept cent quatre-vingt-neuf. Signé : Camus, président ; Thibault, curé de Soûppes ; le marquis de Rostaing, Thouret, Target, Alexandre de Lameth, secrétaires.

(Collection générale des décrets rendus par l'Assemblée et sanctionnés par le Roi. Baudoin, imprimeur de l'Assemblée nationale, rue du Foin-Saint-Jacques, 1790).

Quand l'Eglise réclame uniquement pour ses ministres, à titre de traitement, le revenu des biens possédés en 1789 par le clergé, elle outrepasse ses droits.

En effet, la Nation avait accepté la libre disposition des biens du clergé à la charge de « pourvoir *aux frais du culte*, à *l'entretien de ses Ministres*; mais aussi au *soulagement des pauvres*. Et l'Assemblée nationale avait fixé à *douze cents livres* par an la dotation de chaque *cure*. Remarquons qu'il s'agit des *cures* et non des *succursales* et il n'y avait pas en moyenne plus d'une cure dans chaque canton actuel. Le revenu que le clergé aurait à la rigueur le droit de revendiquer correspondrait donc aux dotations des cures en 1789, c'est-à-dire à la somme de *un million deux cent mille livres*.

Cette évaluation est celle du comte d'André, député de la noblesse d'Aix à l'Assemblée Nationale Constituante et elle servira de base aux discussions du Concordat. La première année de l'application du Concordat, c'est-à-dire en 1802, le budget des cultes, *en dehors des pensions*, ne s'élève, en effet, qu'à un million deux cent mille francs. L'Etat, qui assure en ce moment le service de l'Assistance publique, ne pourrait donc admettre, de la part du clergé, une revendication financière supérieure à 1.200.000 fr. Du reste, tout ce qui a été payé annuellement à l'Eglise depuis 1789, au-dessus de cette somme, serait dû par elle à l'Etat en cas de règlement de comptes.

D'autre part, les ecclésiastiques revendiquent comme un traitement l'indemnité annuelle qu'ils reçoivent ; mais ils ne veulent pas qu'on les considère comme des fonctionnaires.

Ceux-ci, en effet, n'ont pas le droit de recevoir d'argent des intéressés pour les services qu'ils leur rendent et les prêtres ne veulent pas renoncer au casuel, à la vente des messes et des sacrements.

Comme un fonctionnaire doit se contenter de son traitement fixe et qu'il ne peut faire payer les services inhérents à sa fonction, les prêtres ne veulent pas être fonctionnaires quand il s'agit du casuel. Si, au contraire, on parle de supprimer leur traitement ou si on agit envers eux comme s'ils étaient de simples citoyens, ils revendiquent hautement la qualité de fonction naires,

> Je suis oiseau, voyez mes ailes
> Je suis souris : vivent les rats !

Ils crient selon les cas : *Vive le Roi :* ou *Vive la Ligue !* En tous cas, les ecclésiastisques reçoivent, en ce moment, un traitement fixe et, d'autre part, ils ne veulent pas renoncer au casuel. Le gouvernement les laisse vendre les messes et les sacrements qu'ils doivent gratuitement aux fidèles comme fonctionnaires.

La royauté, cependant, s'est souvent montrée très sévère en ce qui concerne le casuel.

Le 18 septembre 1789, par exemple, Louis XVI envoyait à l'Assemblée une longue lettre relative aux décrets du 4 août qu'il avait revêtus de sa signature. Il appréciait ces décrets article par article. Voici ce qu'il y disait « sur l'article VIII, concernant les droits casuels des curés » :

« J'approuve les dispositions déterminées par cet article. Tous ces petits droits contrastent avec la décence qui doit servir à relever aux yeux des peuples les respectables fonctions des Ministres des Autels. »

Signé : Louis.

(Extrait des Décrets de l'Assemblée nationale Constituante).

A. ANDRÉ.

ONZIÈME ARTICLE

Alençon, le 18 septembre 1902.

Donc, Louis XVI condamnait « les droits casuels des curés » qu'il trouvait contraires à la « décence ».

Nous ne parlons pas de la « dîme » perçue par les ecclésiastiques avant 1789, car nous ne pouvons croire à la revendication de ce privilège de la part du clergé catholique. En tout cas, examinons ce qu'en pensait Louis XVI lui-même, dans sa « Lettre à l'Assemblée nationale du 18 septembre 1789 » :

« J'ai donné le premier, dit-il, l'exemple des principes généraux adoptés par l'Assemblée nationale, lorsqu'en 1789, j'ai détruit, sans exiger aucune compensation, les droits de main-morte dans l'étendue de mes domaines ; je crois donc que la suppression de tous les assujettissements qui dégradent la dignité de l'homme, *peuvent être abolis sans indemnité.* »

Et plus loin :

« J'accepte comme vous, Messieurs, et avec un sentiment particulier de reconnaissance, le *généreux sacrifice* offert par les représentants de l'ordre du clergé... On peut estimer raisonnablement le produit de la dîme de soixante à quatre-vingt millions. »

Le roi Louis XVI affirmait donc que les « assujettissements qui dégradent la dignité de l'homme » comme la dîme peuvent être abolis sans indemnité et il reconnaissait que le clergé avait fait, dans la nuit du 4 août, le « généreux sacrifice » de soixante à quatre-vingts millions de revenus. Puisque d'une part, le clergé avait consenti un pareil sacrifice, — comme les autres privilégiés d'ailleurs, — et que la dîme pouvait être abolie sans indemnité, l'État ne doit rien de ce chef à l'Église.

D'où vient que les ecclésiastiques ont revendiqué des pensions pour les indemniser de la « dîme » qu'ils ne percevaient plus? En 1802, le chiffre de ces pensions était de 3 millions 800.000 fr. tandis que le budget des cultes ne dépassait pas, pour les traitements, 1 million 200.000 fr. Pendant la Révolution, de 1789 à 1802, les ecclésiastiques avaient trouvé le moyen d'obtenir des privilèges sous forme de pensions qui s'élevaient à plus de trois fois le traitement qui leur était dû !

Voilà un point de l'histoire révolutionnaire propre à surprendre tous ceux qui ne connaissent pas la suprême habileté de l'Église romaine. La Révolution a guillotiné des prêtres ; mais elle n'en a pas moins accordé des privilèges à ceux qu'elle ne guillotinait pas.

En résumé, les décrets du 4 août et du 2 novembre 1789 assuraient au clergé un traitement annuel de douze cents livres par cure, soit environ 1.200.000 fr. ; mais abolissait le « casuel des curés » et la dîme ecclésiastique.

Voici, d'ailleurs, les articles V et VIII des décrets des 4, 6, 7, 8 et 11 août 1789 :

V. — Les dîmes de toute nature et les redevances qui en tiennent lieu, sous quelque dénomination qu'elles soient connues et perçues, même par abonnement, possédées par les corps séculiers et réguliers, par les bénéficiers, les Fabriques et tous gens de mainmorte, même par l'ordre de Malthe, autres ordres religieux et militaires, même celles qui auraient été abandonnées à des laïcs en remplacement et pour option de portion congrue sont abolies ; sauf à aviser aux moyens de subvenir d'une autre manière à la dépense du culte divin, à l'entretien des Ministres des Autels, au soulagement des pauvres, aux réparations et reconstructions des Églises et presbytères, et à tous les établissements à l'entretien desquels elles sont actuellement affectées.

VIII. — Les droits casuels des curés de campagne sont supprimés, et cesseront d'être payés aussitôt qu'il aura été pourvu à l'augmentation des portions congrues et à la pension des vicaires, et il sera fait un règlement pour fixer le sort des curés des villes.

C'est le décret du 2 novembre 1789 qui a pourvu à la dotation des ecclésiastiques comme le prévoyait cet article VIII.

L'Assemblée nationale semblait déjà dominée par la préoccupation des sociétés modernes : elle travaillait à la division des pouvoirs, à la division du travail.

Elle voulait que le clergé s'occupât de la religion, des offices du culte et ne sortît pas des « attributions sacrées » qui légitimaient son existence. Elle rendait l'Assistance publique à l'État et obligeait les prêtres à se contenter de leur traitement. Les « pots de vin » et « les épices » étaient interdits aux Membres des Tribunaux, les droits casuels étaient de même supprimés aux curés. N'est-ce pas contraire à la « décence », selon l'expression de Louis XVI, de voir les membres du clergé refuser les sacrements à ceux qui ne peuvent les payer? D'ailleurs MM. les prêtres ne reçoivent-ils pas un traitement pour remplir les fonctions qui leur sont attribuées? Que dirions-nous si un instituteur public, par exemple, refusait d'instruire nos enfants si nous ne voulions pas le payer? Nous protesterions contre ses prétentions : cependant nous agissons autrement vis-à-vis des prêtres quand ils nous vendent les messes et les sacrements.

Le roi, le Clergé et l'Assemblée nationale avaient donc, d'un commun accord, établi la nouvelle situation légale de l'Eglise. Le budget des cultes s'élevant à 1.200.000 livres remplaçait tous les droits du clergé.

Il ne faudrait pas croire pourtant que le clergé s'inclina devant la loi ; il chercha comme toujours à la tourner et dès le 27 novembre 1789, le roi publia des « Lettres patentes » menaçant les ecclésiastiques qui cherchaient à dissimuler une partie de leurs biens. Les « généreux sacrifices » dont Louis XVI parlait dans sa Lettre du 4 août, ne convenaient pas à tous les membres du clergé.

Voici le texte de ces lettres :

Lettres patentes du roi par lesquelles sa Majesté ordonne l'exécution de deux décrets de l'Assemblée nationale relatifs à la conservation des biens ecclésiastiques, et celle des archives et bibliothèques des monastères et chapitres.

Données à Paris le 27 novembre 1789. Louis, par la grâce de Dieu, et par la loi Constitutionnelle de l'Etat, roi des Français : A tous ceux qui ces présentes lettres verront : Salut.

L'Assemblée nationale a décrété le 7 de ce mois, par la conservation des biens ecclésiastiques ; et le 14, par celle des archives et bibliothèques des monastères et chapitres, et nous voulons et ordonnons ce qui suit :

Les biens ecclésiastiques, les produits, récoltes, et notamment les bois, sont placés sous la sauvegarde du Roi, des Tribunaux, Assemblées administratives, Municipalités, Communes et Gardes nationales, que l'Assemblée déclare conservateurs de ces objets, sans préjudicier aux jouissances des titulaires ; et tous pillages, dégâts et vols, particulièrement dans les bois, seront poursuivis contre les prévenus, et punis sur les coupables de peines portées par l'Ordonnance des eaux et forêts, et autres lois du Royaume.

Les personnes de toute qualité, coupables de divertissement, soit d'effets, soit de titres attachés aux établissements ecclésiastiques, seront punies de peines établies par les ordonnances contre le vol, suivant la nature des circonstances et l'exigence des cas.

Sans préjudice des poursuites qui seront faites par les Officiers des Maîtrises dans les matières de leur compétence, les juges ordinaires seront tenus de poursuivre les personnes prévenues de ces délits et donneront, ainsi que le Procureur du Roi des Maîtrises, connaissance à l'Assemblée nationale des dénonciations qui leur seront apportées, des poursuites qu'ils feront à cet égard.

Il sera pareillement veillé par les Officiers des Maîtrises à ce qu'il ne soit fait aucune coupe de bois contraire aux règlements, à peine d'être responsables à la Nation de leur négligence.

Dans tous les Monastères et Chapitres où il existe des bibliothèques et archives, lesdits Monastères et Chapitres seront tenus de déposer aux greffes des juges royaux ou des municipalités les plus voisines, des états et catalogues des livres qui se trouveront dans les dites bibliothèques et archives, d'y désigner particulièrement les manuscrits, d'affirmer lesdits états véritables, de se constituer gardiens des livres et manuscrits compris aux dits états ; enfin d'affirmer qu'ils n'ont point soustrait et n'ont point connaissance qu'il ait été soustrait aucun des livres et manuscrits qui étaient dans lesdites bibliothèques et archives.

Mandons et ordonnons à tous les Tribunaux, etc... A Paris le vingt-septième jour du mois de novembre l'an de grâce mil sept cent quatre-vingt-neuf, et de notre règne, le seizième.

Signé, Louis.

Et plus bas, de Saint-Priest,

Et scellées du sceau de l'Etat.

Ainsi les bénéficiers ecclésiastiques dissimulaient des biens pour les conserver illégalement, faisaient des coupes de bois irrégulières, se rendaient « coupables de divertissements, soit d'effets, soit de titres » et essayaient de soustraire les manuscrits précieux et les archives. Et ne croyez pas que ces « Lettres patentes » du roi effrayèrent les ecclésiastiques, ils n'y obéirent pas davantage qu'à celles du 18 novembre, dont nous allons parler.

A. ANDRÉ.

DOUZIÈME ARTICLE

Alençon, le 20 septembre 1902.

Les « Lettres patentes du roi » — en date du 18 novembre 1789 — se rapportent au « *décret de l'Assemblée nationale portant que tous les titulaires de bénéfices et tous supérieurs de maisons et établissements ecclésiastiques, seront tenus de faire, dans deux mois, la déclaration de tous les biens dépendant desdits bénéfices, maisons et établissements* ».

En voici le texte :

Louis, par la grâce de Dieu..., etc.,

Tous titulaires de bénéfices de quelque nature qu'ils soient, et tous supérieurs de maisons et établissements ecclésiastiques, sans aucune exception, seront tenus de faire sur papier libre, et sans frais, dans deux mois pour tout délai, à compter de la publication du présent décret, pardevant les juges royaux ou les officiers municipaux, une déclaration détaillée de tous les biens mobiliers et immobiliers dépendant des dits bénéfices, maisons et établissements, ainsi que de leurs revenus, et de fournir, dans le même délai, un état détaillé des charges dont lesdits biens peuvent être grevés ; lesquels déclarations et états seront par eux affirmés véritables devant lesdits juges ou officiers, et seront publiés et affichés à la porte de la principale des églises de chaque paroisse, où les biens sont situés, et envoyés à l'Assemblée nationale par lesdits juges et officiers.

Lesdits Titulaires et Supérieurs d'établissements ecclésiastiques seront tenus d'affirmer qu'ils n'ont aucune connaissance qu'il ait été fait directement ou indirectement quelques soustractions de titres, papiers et mobiliers desdits bénéfices et établissements ; et *ceux qui auront fait des déclarations frauduleuses* seront poursuivis devant les tribunaux et déclarés déchus de tout droit à tous bénéfices et pensions ecclésiastiques : pourra néanmoins le délai de deux mois être prorogé, s'il y a lieu pour les ecclésiastiques Membres de l'Assemblée seulement et sur leur réquisition, sans que des déclarations qui seront faites, il puisse résulter aucune action de la part des agents du fisc.

Mandons et ordonnons, etc...

A Paris, le dix-huitième jour de novembre, l'an de grâce mil sept cent quatre-vingt-neuf et de notre règne le seizième.

Signé : Louis. *Et plus bas :* Par le roi ; de Saint-Priest.

Et scellées du grand sceau de l'Etat.

Comme on le voit, Louis XVI n'avait qu'une médiocre confiance en la sincérité des ecclésiastiques. D'ailleurs, ils refusèrent en majorité de faire la moindre déclaration, comme de nos jours la plupart des congrégations ont refusé de se soumettre à la demande d'autorisation. Ces messieurs de l'Eglise romaine n'obéissent pas sans peine aux lois de la France, même quand ces lois sont contresignées par un Roy.

Louis XVI fut obligé de publier d'autres « Lettres patentes », celles du 24 janvier 1790 pour proroger le délai fixé par les lettres patentes du 18 novembre 1789. Les voici :

« Lettres patentes du roi sur un décret de l'Assemblée nationale, qui proroge jusqu'au 1er mars prochain le délai pour la déclaration des Biens ecclésiastiques. »

Données à Paris le 24 janvier 1790.

Louis, par la grâce de Dieu, etc... Nous voulons et ordonnons ce qui suit :

Le délai de deux mois pour la déclaration des Biens ecclésiastiques, prescrites par nos Lettres patentes du 18 novembre dernier, qui ordonnent l'exécution du décret du 13 du même mois, sera prorogé jusqu'au premier mars prochain, et même les ecclésiastiques, Membres de l'Assemblée seront tenus de satisfaire à nos dites Lettres patentes dans ledit délai.

Mandons et ordonnons à tous les tribunaux, etc...

À Paris, le 24° jour du mois de janvier, l'an de grâce mil sept cent quatre-vingt dix de notre règne le seizième. Signé : Louis. *Et plus bas,* par le *Roi,* de Saint-Priest. Et scellées du sceau de l'Etat. »

Le roi dut faire exécuter ses Lettres patentes par la force, absolument comme à notre époque M. Combes fait respecter la loi par les Congrégations qui n'ont pas voulu demander l'autorisation, même après prorogation du premier délai prévu par la loi des Associations de 1901. Ce sont toujours les mêmes principes et les mêmes moyens que l'on retrouve dans l'Eglise luttant contre l'Etat.

Le résultat de cette résistance est toujours excellent pour l'église à laquelle l'Etat accorde des concessions afin de la calmer. En criant à la persécution et en refusant de se soumettre à la loi, les membres du clergé obtinrent des pensions et en 1802, le budget des cultes s'élevait à 5 millions, quoique le chiffres des traitements ne fût que de 1 million 200.000 francs.

A la chute de la Convention les ecclésiastiques s'enhardirent et d'aucuns demandèrent la restitution de leurs biens, « ce qui ne les empêcherait pas de conserver leur traitement et pension ». La prétention était exorbitante et d'autant plus que le clergé avait dans la nuit du 4 août « consenti de bon gré ce généreux sacrifice ». Les citoyens acquéreurs des biens du clergé n'en furent pas moins inquiets et c'est pourquoi le Premier Consul exigea du pape un renoncement solennel à ces biens. Il se trouve dans l'article 13 du Concordat ainsi conçu : « Sa Sainteté, pour le bien de la paix et l'heureux rétablissement de la religion catholique, déclare que ni elle, ni ses successeurs, ne *troubleront en aucune manière les acquéreurs des biens ecclésiastiques aliénés*, et qu'en conséquence, la propriété de ces mêmes biens, les droits et revenus y attachés demeureront incommutables entre leurs mains ou celles de leurs ayants cause ».

Les acquéreurs des biens ecclésiastiques purent dormir tranquilles ; le Premier Consul tenait à les rassurer, car les paysans n'entendaient pas revenir au temps des privilèges ; ils auraient plutôt recommencé la Révolution. Mais il résulte de cet article 13 que le pape et l'Eglise ont renoncé aux biens ecclésiastiques moyennant le paiement par l'Etat d'un traitement aux archevêques, aux évêques et aux curés. Le chiffre des traitements ne s'élevait,

— nous ne pouvons trop le répéter — qu'à 1 million 200.000 francs en 1802. Si nous y ajoutons même les pensions reconnues par l'Etat, le budget des cultes ne s'élevait qu'à 5 millions. Ajoutons que pendant la période de la séparation des Eglises et de l'Etat, le clergé catholique était mieux traité qu'en 1802. « Dès 1796, dit Laboulaye dans son livre, *Questions constitutionnelles*, les catholiques de France avaient relevé le culte, sans que l'Etat vînt à leurs secours. » Le culte avait été rétabli dans 40.000 paroisses et il y avait 50 évêques en exercice. La contribution des fidèles suffisait à tout, comme cela se pratique aux Etats-Unis. »

Nous sommes convaincu que l'église catholique ne perdrait rien au régime que nous rêvons et qu'au contraire, elle y gagnerait en indépendance et en dignité.

L'article 354 de la Constitution de l'an III était ainsi conçu :

Nul ne peut être empêché d'exercer, en se conformant aux lois, le culte qu'il a choisi. Nul ne peut être forcé de contribuer aux dépenses d'un culte. La République n'en salarie aucun.

Et c'est pendant que cet article 354 était

appliqué que les fidèles du culte catholique salariaient largement 50 évêques et 40.000 curés. Pourquoi n'en serait-il pas ainsi à notre époque ?

A. ANDRÉ.

TREIZIÈME ARTICLE

Alençon, le 27 septembre 1902.

Il est, en tous cas, facile à l'Etat d'amener l'Eglise à souhaiter elle-même l'abolition du régime du Concordat, même au point de vue financier. Le gouvernement n'a qu'à exiger de l'Eglise le respect du Concordat comme il le respecte lui-même. Il est certain que les ecclésiastiques demanderont ensuite la séparation des Eglises et de l'Etat, c'est-à-dire le retour au régime de droit commun, de liberté et d'indépendance.

Si, par exemple, le budget des cultes est ramené à 1.200.000 francs ou même à 5 millions de francs, avec suppression du casuel, croyez-vous que le clergé catholique s'en contentera ? Cependat l'Etat a le devoir strict de s'en tenir au Concordat ; le gouvernement commet une faute grave en payant au clergé romain plus qu'il ne lui doit.

Examinons les articles financiers du Concordat et nous serons fixés.

L'article 2 est ainsi conçu :

Il sera fait par le Saint-Siège, de concert avec le gouvernement, une nouvelle circonscription de diocèses français.

En vertu de cet article 2, on constitua soixante diocèses, dont dix archevêchés et cinquante évêchés. On compte aujourd'hui quatre-vingt-douze diocèses dont dix-huit archevêchés et soixante-quatorze évêchés.

D'après l'article 14, « l'Etat doit assurer un traitement convenable aux évêques et aux curés dont les diocèses et les paroisses seront compris dans la circonscription nouvelle ». Les archevêques reçoivent 15.000 francs et les évêques 10.000 francs de traitement. Puisque nous avons huit archevêques prévus par le Concordat, l'Etat paie donc de ce chef : 15.000 francs × 8 = 120.000 francs de traitement qu'il ne doit pas. De même, il paie en trop 24 évêques à 10.000 francs, soit 240.000 francs.

Les prélats seuls reçoivent donc annuellement 360.000 francs de traitement qui ne leur sont pas dus. La République est si intolérante !

Ajoutons que l'entretien de leurs mobiliers

et de leurs édifices coûte annuellement à l'Etat 1 million 600.000 francs. Les archevêques et les évêques ont en outre un riche casuel — ce casuel si durement condamné par le roy Louis XVI ! — avec la vente des huiles, les dispenses de toute nature, les 20 0/0 sur les publications ecclésiastiques et autres petits profits. D'aucuns prélèvent une part sur les revenus des fabriques et c'est pourquoi ils protestent contre la loi qui impose à ces fabriques le contrôle du gouvernement.

Il est certain que les archevêques de Paris, Lyon et Bordeaux, par exemple, reçoivent annuellement plus de 100.000 francs de casuel, sans compter les dons, legs, héritages et ce que rapportent les quêtes et la vente des indulgences et des sacrements. L'évêque de Tarbes prélève 250.000 francs sur le sanctuaire de Lourdes ; le casuel des autres évêques varie entre 40.000 et 100.000 francs.

Le nombre des curés a été aussi sensiblement augmenté et le budget des cultes en est majoré annuellement de plus d'un million.

Nous ne parlons pas des desservants qui ne sont pas prévus par le Concordat : l'Etat ne leur doit rien. Mais nous les retrouverons dans les articles organiques.

Remarquons que le Concordat ne parle pas

non plus des vicaires généraux ; le Gouvernement ne s'est jamais engagé à leur fournir un traitement. Or, ils figurent au budget pour la somme de 482.500 francs. — Réglez vos comptes avec l'Eglise, disait récemment au gouvernement Mgr Le Camus, évêque de La Rochelle ! Mais il nous semble que le Gouvernement ne perdrait rien à ce règlement de compte-là.

L'article 11 est ainsi conçu :

Les évêques pourront avoir un chapitre dans leur cathédrale et un séminaire pour leur diocèse, sans que le gouvernement s'oblige à les doter.

Or, le budget porte 382.000 francs pour allocations aux chanoines qui composent les chapitres et auxquels l'Etat ne doit rien. Et les cléricaux sont les premiers à crier que nous payons de lourds impôts !

D'après l'article 12 :

Toutes les églises métropolitaines, cathédrales, paroissiales et autres non aliénées, nécessaires aux cultes, seront remises à la disposition des évêques.

Le texte est clair : l'État ne devrait pas contribuer à l'entretien de ces édifices ; cette dépense regarde l'évêque et les fidèles.

Or, on lit à l'article 15 du budget des cultes :

Crédits spéciaux pour diverses cathédrales : 355.000 francs.

Et à l'article 16 :

Secours pour églises et presbytères : 1 million 800.000 francs.

Il semble que le gouvernement trouvera le moyen d'équilibrer son budget en appliquant strictement le Concordat.

Insistons sur ce point que le Concordat ne parle pas d'entretenir les presbytères et les édifices du culte et de fournir un jardin aux ecclésiastiques. Ceux-ci ne sont donc pas autorisés à réclamer, au nom du Concordat, les avantages qui leur avaient été accordés par l'Assemblée constituante.

C'est un point très controversé ; mais il suffit de lire les textes pour être convaincu que l'Etat n'a pris à ce sujet aucun engagement en 1801.

A. ANDRÉ.

QUATORZIÈME ARTICLE

Alençon, le 30 septembre 1902.

Le décret de l'*Assemblée nationale*, en date du 2 novembre 1789, disait bien que l'État avait « la charge de pourvoir, d'une manière convenable, aux frais du culte » et d'assurer à la dotation de chaque cure, au moins douze cents livres par année, *non compris le logement et les jardins en dépendant* ».

Mais le Concordat de 1801 n'en parle pas, il remet seulement à la disposition des évêques toutes les églises métropolitaines, cathédrales, paroissiales et autres non aliénées ».

La religion catholique romaine et les autres religions ayant des ministres payés par l'Etat sont en quelque sorte des religions d'État et celui-ci doit leur fournir les édifices du culte. Du moment que la religion est organisée comme un service public, il est naturel que l'État loge les prêtres et les pasteurs et leur fournisse les bâtiments nécessaires à l'accomplissement de leurs fonctions publiques et rétribuées ; mais si la Séparation des Églises et de l'État s'accomplit, les ecclésiastiques n'auront aucune revendication à exercer au sujet des presbytères et des édifices du culte. D'après le Concordat, l'État ne doit rien à l'Église en dehors du traitement des archevêques, des évêques et des curés. Nous ne parlons pas des desservants non prévus par le Concordat.

Il résulte de ce qui précède que les presbytères et les édifices du culte appartiennent à l'État, « à la Nation », selon l'expression de 1789.

Or, voulez-vous avoir une idée de la valeur des immeubles que l'État affecte *gratuitement* au culte catholique ?

A Marseille, le palais épiscopal vaut 300.000 francs et le séminaire 650.000 francs.

Dans l'Aveyron, le séminaire vaut un million ; dans le Cher il y a un séminaire de 350.000 francs ; dans le Gard un palais épiscopal de 575.000 francs ; dans le Loir-et-Cher, un autre palais de 600.000 francs et un grand séminaire de 500.000 francs. A Rennes le palais épiscopal vaut plus d'un million, le séminaire de l'Hérault vaut 1.300.000 francs. Dans le Gers il y a un palais épiscopal de

600.000 francs ; à Nantes, le séminaire vaut 1.200.000 francs. Le palais épiscopal de Reims est évalué à 3 millions et le séminaire de cette ville à 1.250.000 francs. A Arras, il y a un palais de 750.000 francs et un séminaire de 2.200.000 francs. Au Mans, l'évêque possède un hôtel princier avec un parc de sept hectares agrémenté d'un séminaire valant un million.

Le palais épiscopal d'Amiens vaut un million et le séminaire de cette ville a coûté 1.680.400 francs. Le palais archiépiscopal de Lyon est estimé 800.000 francs et le séminaire 1.900.000 francs. Le séminaire seul de Luçon, en Vendée, a coûté aux contribuables français plus de 2.100.000 francs. Nous en passons.

En somme, la valeur des immeubles affectés par l'État au logement des archevêques, évêques et séminaristes, est évaluée à soixante-dix millions de francs, représentant un loyer annuel de trois millions et demi.

Au bas mot, on estime que le logement des curés et desservants vaut le double, c'est-à-dire cent quarante millions, représentant un loyer annuel de sept millions.

La valeur des cathédrales est estimée à plus de trois cents millions, ce qui représente, à 3 0/0, *neuf millions* de bonnes et belles rentes et si nous comptons à 5 0/0 le loyer annuel, il s'élève à *quinze millions*.

Nous ne dépasserons pas la mesure en affirmant que toutes les églises réunies valent, avec les presbytères, le double des cathédrales, soit 600 millions de capital et 30 millions de loyer annuel.

L'évêque Dupanloup écrivait : « En séparant les Eglises de l'Etat, vous allez jeter 50.000 prêtres sur le pavé, vous n'en avez pas le droit. » En attendant, ces messieurs né sont pas dans la misère et si on leur appliquait le Concordat, — ce qui est le droit absolu de l'Etat quoi qu'en ait dit l'évêque Dupanloup — ils se montreraient sans doute moins exigeants et parleraient moins haut.

D'ailleurs les fidèles ne les laisseraient pas mourir de faim. Pendant le régime de la séparation des Eglises et de l'Etat ne versaient-ils pas entre les mains des ecclésiastiques de quoi entretenir les Ministres et les édifices du culte ?

Nous avons sous les yeux une souscription ayant pour but la fondation de l'Université catholique de Toulouse, 82 personnes seulement ont versé 61.000 fr. En quatre listes, l'archevêque de Toulouse a réuni la somme de 3.400.800 fr. N'est-ce pas une faute que de faire payer aux contribuables des sommes énormes pour le culte pendant que les fidèles se montrent si généreux ? Au reste, c'est justice que les fidèles d'une religion paient l'entretien des Ministres et des édifices du culte.

Voulez-vous maintenant avoir une idée des dons et legs qui sont faits aux établissements ecclésiastiques ? Ouvrez le volume publié par le Ministre de la justice et donnant le compte-rendu des travaux du Conseil d'Etat.

Si vous prenez par exemple, une période de cinq ans, comprise entre 1872 et 1877, vous y trouverez ce qui suit :

Dons et legs faits aux :

Maisons de retraite............	203.157	fr.
Chapitres....................	253.209	»
Ecoles secondaires...........	1.153.885	»
Séminaires..................	2.426.327	»
Cures......................	3.190.059	»
Evêchés....................	5.134.899	»
Paroisses...................	26.929.138	»
Autres établissements catholiques................	17.060.515	»
Total....	56.351.189	fr.

Soit, en moyenne, plus de 11 millions par an. En admettant que le budget des cultes concordataire comprenne les pensions et s'élève à

5 millions, les ecclésiastiques reçoivent, par an, en dons et legs, deux fois plus que l'Etat ne doit légalement leur payer. Les « 50.000 prêtres » ne mourraient pas dans la misère et ne « seraient pas sur le pavé », même si on ne leur payait rien ; or, la justice veut qu'on tienne compte des situations acquises.

Les dons et legs qui figurent dans le tableau ci-dessus ont été homologués par 10.043 décrets d'approbation rendus par le Conseil d'Etat. Il y a eu, pendant la même période, 96 décrets de rejet. Si la séparation des Eglises et de l'Etat avait été effectuée, le régime du droit commun étant appliqué aux établissements ecclésiastiques et les prêtres jouissant eux-mêmes du droit absolu d'association, aucun décret de rejet n'aurait été rendu et la somme des dons et legs aurait dépassé 65 millions.

Est-il possible maintenant de soutenir que l'Eglise catholique romaine n'est pas privilégiée ? Et croit-on que si le Concordat est appliqué rigoureusement, les ecclésiastiques eux-mêmes n'auront pas avantage au régime de la séparation des Eglises et de l'Etat ? Personne ne saurait en douter. Or, nous le répétons, le Concordat va être appliqué rigoureusement, comme l'a promis M. Combes, président du Conseil ; Messieurs du clergé demanderont-ils la séparation des Eglises et de l'Etat? Nous le souhaitons, dans leur propre intérêt, car ils obtiendront alors des avantages qui leur seraient refusés s'ils manifestaient des sentiments hostiles à la loi et à la justice.

Dans le prochain article, nous montrerons comment le budget des cultes a illégalement grossi en faveur de l'Eglise catholique.

A. ANDRÉ.

QUINZIÈME ARTICLE

Alençon, le 2 octobre 1902.

La première année de l'application du régime du Concordat, les cultes ne figuraient au budget, comme nous l'avons déjà dit plusieurs fois, que pour 1.200.000 francs. Le chiffre des pensions étant de 3.800.000 francs, les dépenses pour le culte s'élevaient à 5 millions. — Remarquons encore une fois que, d'après le Concordat, l'Etat ne devait pas les pensions.

Nous venons d'examiner le budget des cultes de l'année 1807 — c'est-à-dire le budget de la cinquième année d'application du Concordat — et il s'élève à 17 millions. Le chiffre des pensions atteint 23 millions, ce qui fait 40 millions pour toutes les dépenses du culte catholique.

L'Église romaine reçut donc à partir de 1807, au moins trente-cinq millions *par an* de plus que l'Etat ne lui devait. Voilà comment Napoléon Bonaparte, devenu empereur, couronné par le Pape, oint des huiles *saintes* de la *Sainte*

Ampoule, apportée par la Colombe à *Saint-Rémy*, évêque de Reims, se montrait reconnaissant à la *sainte* Église catholique, apostolique et romaine. Le Premier Consul voulait, par le Concordat, tenir l'Église catholique entre ses mains ; c'est lui qui lui appartint quelques années après 1801. Depuis 19 siècles, l'Église romaine est savamment organisée ; elle a des leviers puissants et cachés ; un monarque quelconque qui discute avec elle est destiné à devenir son esclave ou tout au moins son humble serviteur. On ne discute pas avec ceux qui ont pour principe de n'accorder aucune concession.

Quoi qu'il en soit, en admettant que le budget des cultes n'aurait pas augmenté de 1807 à 1902, l'État n'en aurait pas moins payé annuellement, pendant 95 ans, 35 millions de plus qu'il ne doit à l'Église catholique.

Or, 35 millions multipliés par 95 font la somme énorme de *trois milliards trois cent vingt-cinq millions.*

Et les paroles de Mgr Le Camus, évêque de La Rochelle, me reviennent sans cesse à la mémoire ; « Réglez donc, messieurs, vos comptes avec l'Église. » Eh bien, monseigneur, nous réglerons quand vous voudrez.

Préparez votre portemonnaie, messieurs du clergé !

Ne croyez pas cependant que le budget des cultes soit resté à 17 millions, pour les traitements, et à 23 millions pour les pensions.

Après la chute de Napoléon Ier, — le rénégat de la Révolution dont il était issu, — régna Louis XVIII, représentant du droit divin. Naturellement il favorisa, *en fils aîné de l'Église,* le culte de ses *pères.* Par la charte de 1814, la religion catholique fut reconnue comme le culte de l'État, les frais de ce culte *seuls* furent payés par le Trésor public.

Par une ordonnance royale du 14 avril 1817, Louis XVIII affecta une somme de 3.900.000 francs à l'augmentation jusqu'à 25.000 fr. du traitement annuel des archevêques et jusqu'à 15.000 fr. de celui des évêques. A partir de 1817, les archevêques reçurent donc 10.000 fr. et les évêques 5.000 francs de plus par an, que leur traitement concordataire. On se rappelle, en effet, que le Concordat fixait à 15.000 fr. le traitement des archevêques et à 10.000 fr. celui des évêques.

Comme nous possédons aujourd'hui 18 archevêques, on leur paie annuellement en trop 10.000 fr. × 18 = 180.000 fr.

De même, puisque nous avons 74 évêques, on leur paie en trop par an, 5.000 fr. × 74 = 370.000 fr.

Soit au total 550.000 fr.

Rien qu'aux prélats, il est payé plus d'un demi-million par an de plus qu'on ne leur doit. N'oublions pas d'ailleurs que l'État paie 18 archevêques et 74 évêques, mais que le Concordat ne prévoit que 10 archevêques et 50 évêques. De ce chef, l'État paie 360.000 fr. de traitement qu'il ne doit pas. C'est donc une somme totale de 550.000 fr. + 360.000 fr. = 910.000 fr. que les prélats reçoivent en trop chaque année depuis 1817.

Le 17 septembre de la même année 1817, Louis XVIII créa cinq cents cures nouvelles. Mettons au minimum de 1.200 fr. le traitement de chaque curé et nous obtenons une augmentation de 600.000 fr. Avec 910.000 fr. aux prélats et 600.000 aux curés, nous obtenons ainsi une augmentation de 1.510.000 fr.

Le roi Charles X augmenta comme son frère, le budget des cultes ; mais il favorisa surtout les Congrégations dont nous nous occuperons ultérieurement. Louis-Philippe continua l'œuvre de ses prédécesseurs et l'homme du 2 décembre fut le digne successeur de celui du 18 brumaire. Ne croyez pas d'ailleurs, que la République ait réduit jusqu'ici le budget des cultes ; au contraire, elle l'a augmenté. Nous ne pouvons suivre pas à pas les augmentations obtenues par le clergé catholique, ce serait long et fastidieux. Mais prenons le budget actuel des cultes et examinons ce qu'il est devenu.

A la page 1131 du budget de la République que nous étudions, en ce moment, nous voyons que l'archevêque de Paris a un traitement de 50.000 fr. par an, que l'archevêque d'Alger a 30.000 fr., que les autres archevêques ont chacun 25.000 fr. et que cinq cardinaux reçoivent un supplément de 10.000 fr. par an, chacun.

A la page 1135, comme nous l'avons déjà dit, nous constatons que le chapitre de Saint-Denis et les chapelains de Sainte-Geneviève coûtent 260.000 fr. par an au Trésor.

Les 2.663 bourses accordées aux séminaristes catholiques sont inscrites au chapitre VI des dépenses pour une somme de 1.172.000 fr.

En somme, les cinquante mille archevêques, évêques, grands vicaires, chanoines, curés, doyens, desservants, vicaires, reçoivent annuellement plus de cinquante-six millions de francs de traitement. Ajoutons à cela que les fabriques et séminaires couvrent ou possèdent 47.399 hectares de terre et que l'Etat accorde des subventions multiples au clergé catholique et nous entreverrons la richesse des ecclésiastiques,

Le culte catholique coûte annuellement à la France plus de 50 millions. Bien entendu, nous ne comprenons pas dans ce chiffre la valeur des édifices du culte.

Calculons maintenant ce que le clergé catholique a reçu de trop depuis 1801. En admettant que de 1807 à 1817, il n'ait reçu que 35 millions par an de plus qu'on ne lui devait, on lui a trop payé pendant ces dix ans... 350 millions. Si de 1817 à 1902, c'est-à-dire pendant 85 ans, on lui a payé 50 millions, soit 45 millions de trop par an, il a donc ainsi reçu : $45 \times 85 = 3$ milliards 825 millions de plus qu'on ne lui en devait de par le Concordat et en y comprenant même les pensions. Depuis 1807, l'Etat a donc payé en trop au clergé catholique 3.825 millions + 350 millions = 4 milliards 175 millions.

Supposons qu'en 1801 l'Etat ait remboursé au clergé le capital qui lui était dû. Le capital correspondant à 5 millions de rentes à 5 0[0 est de 100 millions; l'Etat aurait donc payé cette somme de 100 millions à l'Eglise catholique et, ensuite, il ne lui aurait rien dû. Les ecclésiastiques auraient retiré annuellement jusqu'en 1802, à 5 0[0, les cinq millions de rentes qui leur ont été servis sous forme de traitement et, aujourd'hui, ils auraient encore cent millions de capital s'ils n'en avaient rien dépensé.

Or, l'Etat a payé en trop au clergé 4 milliards 175 millions, c'est-à-dire qu'il a 42 fois amorti le capital tout en payant la rente.

L'Eglise catholique n'est donc pas autorisée à réclamer un centime à l'Etat, puisqu'elle a reçu, outre la rente, 42 fois le capital qui lui était dû, en comptant tout à son avantage.

Cependant, l'Etat doit respecter les situations acquises et payer ses faiblesses. Le gouvernement commettrait, selon nous, une faute grave en séparant les Eglises et l'Etat sans sauvegarder les droits des personnes ecclésiastiques actuellement en fonctions.

A. André.

SEIZIÈME ARTICLE

Alençon, le 4 octobre 1902.

En ce qui concerne le clergé séculier, nous connaissons maintenant la situation. Le Concordat règle les rapports de l'Eglise et de l'Etat et l'Eglise n'en respecte que les articles qui lui sont favorables. L'Etat, de son côté, agit en bon prince et n'exige de l'Eglise aucune soumission.

Cependant le Gouvernement actuel est décidé à respecter le Concordat et à le faire respecter par l'Eglise. Un Concordat est un contrat synallagmatique qui engage les deux parties contractantes à des obligations réciproques ; si l'une d'elles manque à ses engagements, l'autre est dégagée des siens propres. Or, l'Eglise ne tient pas ses engagements et elle protestera, soyez-en sûrs, contre l'application intégrale du Concordat. La dénonciation du Concordat s'imposera donc et nous aurons forcément le régime de la séparation des Eglises et de l'Etat.

Nous l'avons déjà dit : Au point de vue politique, le clergé y gagnera, car le droit commun lui sera plus favorable que le régime actuel et surtout que le régime du Concordat intégralement appliqué. L'ecclésiastique sera un simple citoyen, les lois de la République lui seront applicables comme à tout le monde.

D'aucuns pensent qu'il serait bon de réglementer pour les ecclésiastiques le droit d'association par exemple et de limiter leur liberté et leur indépendance. Ils ont une force savamment organisée, dit-on, ils forment un Etat dans l'Etat, nous devons leur empêcher de nuire à la République et au progrès. Ce langage est indigne d'un pays libre. Si l'Eglise est puissante, c'est parce que l'Etat la protège ; quand les ecclésiastiques seront devenus simples citoyens, ils ne pourront pas nuire à la République et au progrès.

Actuellement, ils sont des fonctionnaires, l'Etat les paie et les consacre, en quelque sorte officiellement. Ils ont l'air de parler au nom du gouvernement puisqu'ils en dépendent et que le Gouvernement les laisse parler et agir librement. Là est la source du mal qu'ils peuvent faire à la République. Mais, nous le répétons, le curé devenu simple citoyen sera dépourvu du pouvoir de nuire à la République et de se faire craindre par les populations.

En tout cas, dans un pays libre, on ne doit faire aucune loi de privilèges mais aussi aucune loi restrictive pour un seul citoyen, fût-il prêtre et prêchât-il l'erreur.

Nous voulons que le clergé catholique ne soit plus privilégié, nous demandons qu'il n'ait pas seul des chaires dans toutes les paroisses pour y enseigner sa religion ; mais nous voulons aussi que toutes les idées puissent librement se faire jour. Le prêtre catholique, convaincu qu'il enseigne la vérité religieuse, doit, comme tout citoyen, avoir le droit de parler et d'écrire librement. On ne saurait restreindre sa liberté, son indépendance, sans violer gravement les principes de la Déclaration des Droits de l'Homme. L'Etat doit, comme en économie politique, laisser faire, laisser passer. La libre concurrence dans l'enseignement des idées religieuses s'impose absolument comme la libre concurrence en matière commerciale. Si le prêtre catholique a raison, il doit pouvoir prouver qu'il a raison. Mais le libre-penseur ou le ministre protestant ont les mêmes droits que le prêtre catholique et c'est pourquoi nous demandons que la religion romaine cesse d'être la religion privilégiée de l'Etat républicain. En

France, il ne doit y avoir aucune religion officielle ; l'Etat ne doit *connaître officiellement* aucun culte.

Et les ecclésiastiques eux-mêmes ne peuvent contester que toutes les Eglises doivent être libres dans l'Etat libre.

Le prêtre dira la messe, prêchera, s'il le veut, confessera tout à sa guise, sous la protection des lois de la République. Le pasteur protestant, le rabbin, procèderont librement à l'exercice de leurs cultes respectifs ; s'ils observent les lois, l'Etat n'aura pas à s'occuper d'eux.

Si un ministre quelconque prononce un sermon ou plutôt un discours politique, on lui demandera s'il a nommé un bureau comme dans une réunion publique pour se conformer à la loi. Si non, il sera poursuivi comme tout autre citoyen qui se serait mis dans le même cas.

Naturellement, le costume ecclésiastique ne sera pas reconnu par la loi comme costume officiel. Tous les citoyens, prêtres ou non, pourront porter la soutane, s'ils le veulent, s'habiller même en prélats.

Si un ecclésiastique occasionne des attroupements dans la rue ou empêche la circulation, il tombera sous le coup de la loi.

Donc, l'ecclésiastique sera traité absolument

comme un autre citoyen. Pourquoi en serait-il autrement ?

Logiquement, on ne peut soutenir que l'Etat doive imposer des croyances spéciales ; les questions de foi échappent à l'autorité gouvernementale. La science établit la vérité ; mais la foi est affaire de conscience, d'éducation, d'imagination, de passion. Rien n'est plus variable que les croyances religieuses et le sage les respecte toutes quand elles sont sincères. Dans les relations publiques, sociales, nul ne doit s'inquiéter des croyances religieuses de son voisin. Un citoyen peut être honnête et sage en allant à la messe, à la synagogue ou au temple protestant. Nul n'a le droit de scruter la conscience d'autrui au point de vue religieux.

Nous croyons avoir suffisamment établi que le régime de la Séparation des Eglises et de l'Etat est le seul logique ; mais, au point de vue financier, avons-nous le droit de séparer l'Eglise catholique de l'Etat ? Il ressort de nos derniers articles que l'Etat a payé 42 fois aux ecclésiastiques, sous forme de traitements, la somme qu'il leur devait par suite de la confiscation de leurs biens pendant la Révolution. L'Eglise catholique n'est donc pas autorisée à réclamer un centime à l'Etat.

De plus, le pape Pie VII, au nom de l'Eglise

catholique, a renoncé à jamais aux biens du clergé si l'Etat payait le traitement des archevêques, des évêques et des curés, soit 1 million 200.000 fr. par an, cinq millions avec les pensions. L'Etat ayant régulièrement payé ces cinq millions de traitement ou de rentes et ayant remboursé, en outre, 42 fois la valeur des biens du clergé, a largement accompli ses engagements financiers.

En droit, l'Etat ne devant subventionner aucune religion, aucun culte, et ayant payé ses dettes à l'Eglise catholique, la séparation des Eglises et de l'Etat peut immédiatement être réalisée.

Cependant si la séparation des Eglises et de l'Etat est accomplie, 50.000 ecclésiastiques appartenant au culte catholique resteront sans traitement. Nous savons bien que les fidèles pourvoiront à leurs besoins; mais s'ils refusaient pourtant de les subventionner ?

Ces prêtres ont vécu jusqu'ici avec la croyance que l'Etat leur payerait un traitement régulier jusqu'à leur retraite ou jusqu'à leur mort; l'Etat ne respecterait pas les droits acquis s'il refusait désormais d'assurer la vie matérielle d'un ministre des cultes en exercice. D'autre part, les familles des ecclésiastiques se sont imposé des sacrifices pour permettre à leurs enfants de devenir prêtres et elles ont maintenant le droit de compter sur eux pour les aider et les secourir.

Les questions de personnes sont toujours délicates. Séparons les Eglises de l'Etat ; mais que les personnes n'aient pas à en souffrir.

A notre avis, il faut saisir les ministres des cultes où ils sont actuellement et transformer leurs traitements en pensions civiles. M. X., achevêque, a 25.000 de traitement, M. Y., curé, a 1.200 francs ; M. X. sera inscrit au registre des pensions civiles pour 25.000 francs, et M. Y. pour 1.200 francs. Et remarquez que l'Etat n'aura pas à se préoccuper si MM. X. et Y. diront la messe et confesseront désormais. MM. X. et Y. ne seront même plus reconnus par l'Etat comme archevêque et comme curé ; l'Etat ne connaîtra que deux pensionnaires : M. X. et M. Y. Quand ils mourront, l'Etat bénéficiera de leurs pensions et ainsi disparaîtra peu à peu le budget des cultes. C'est la méthode évolutionniste que nous préconisons ; elle aura au moins le mérite de sauvegarder les droits acquis et d'éviter les aigres questions de personnes.

A. ANDRÉ.

DIX-SEPTIÈME ARTICLE

Alençon, le 9 octobre 1902.

A notre avis, le mieux serait donc de transformer en pensions civiles, en pensions viagères les traitements actuels des archevêques, évêques, curés et desservants. La Séparation des Eglises et de l'Etat serait faite en principe dès maintenant, mais le budget des cultes, tranformé en budget des retraites pour les ecclésiastiques, existerait.

A mesure des extinctions, les dépenses diminueraient et quand tous les ecclésiastiques actuellement en exercice seraient disparus, l'Etat ne subventionnerait plus un seul ministre d'aucun culte. La Séparation des Eglises et de l'Etat serait effectivement réalisée.

Nous connaissons les objections qu'on nous opposera. Ceux qui espèrent une mesure radicale nous accuseront de tiédeur et les amis du Concordat et de l'Eglise représenteront notre projet comme plus dangereux qu'un projet révolutionnaire parce qu'il est acceptable par tous. « Aux Gibelins, nous serons Guelfe et aux Guelfes, nous serons Gibelin », comme disait Montaigne. Peu importe. Notre seul but est de rendre possible la Séparation des Eglises et de l'Etat, séparation qui est légale, légitime et qui s'imposera demain. Nous voudrions, d'ailleurs, que les personnes n'aient pas à souffrir de la lutte des idées et du triomphe des principes.

Notre projet a au moins le mérite de respecter les droits acquis et d'assurer aux ecclésiastiques les moyens de vivre et de consacrer leurs forces pendant leur vie entière au triomphe de leur religion. Que peuvent-ils demander encore ?

Les futurs prêtres sauront ce qu'ils font en se consacrant à la carrière ecclésiastique; ils seront libres d'y entrer; ceux qui sont en fonctions ne sont pas libres d'en sortir. Il va sans dire que la pension civile sera plus sûre même que le traitement. Un ecclésiastique peut être révoqué, il perd alors son traitement. Il ne perdra pas sa pension qui sera personnelle.

Quant à l'Etat, il n'aura qu'à gagner à ce régime transitoire. Jamais le budget des cultes n'augmentera, mais, au contraire, il diminuera sensiblement chaque année jusqu'à la disparition.

Un curé nous objectait un jour cet argument : « Mais si les ecclésiastiques pensionnés se marient et ne disent plus la messe, seront-ils encore payés ? »

— Parfaitement, monsieur le curé, et nous ne voyons pas grand mal à ce qu'il en soit ainsi, même au point de vue religieux. Il est clair que le prêtre disposé à ne pas remplir son devoir, prêt à abandonner ainsi l'Église, n'est pas un ministre dévoué. Il compromet plutôt la religion qu'il ne la sert. En tout cas, l'État n'a pas à entrer dans de pareilles considérations.

Quand l'archevêque, l'évêque, le curé ou le desservant sera mort, qu'adviendra-t-il ? Prenons pour exemple le desservant.

Dans chaque *paroisse* qui le demandera, un *Consistoire* ou un *Conseil communal* sera élu par les fidèles. C'est lui qui s'occupera du desservant, qui le choisira, qui le paiera. L'État ne s'en occupera pas. C'est d'ailleurs ce qui a lieu en ce moment pour les ministres protestants non payés sur le budget des cultes. Naturellement la paroisse sera libre d'avoir tous les desservants qu'il lui plaira ; mais elle sera libre aussi de ne pas en avoir. Nous le répétons, l'État ne s'en occupera pas. — Le service des cultes ne sera plus un service public. L'État respectera toutes les croyances, il ne contrariera aucune manifestation religieuse, mais il n'en approuvera et n'en protégera aucune. C'est le régime du droit commun.

Et les édifices des cultes, et les presbytères, que deviendront-ils?

L'État ne doit pas les fournir gratuitement aux ministres des cultes, nous l'avons amplement prouvé. Cependant, en cela encore, il doit respecter les droits acquis. S'il retirait au clergé les presbytères et les églises, il détruirait du même coup l'exercice du culte. — Or, nous avons déjà dit qu'il ne doit contrarier l'exercice d'aucune religion.

Les *Consistoires* ou *Conseils communaux* auront pour mission de fournir aux ecclésiastiques les presbytères et les églises. L'État, le département ou la commune leur loueront les édifices actuels d'après une estimation faite par le Préfet après devis du conseil municipal, du conseil d'arrondissement, ou du conseil général.

Afin d'éviter la formation d'un État dans l'État, les *Consistoires* et les *Conseils communaux* ne pourront pas acquérir ces édifices et les payer par annuité.

De cette façon, les ecclésiastiques ne se verront pas retirer les presbytères et les églises;

ils ne seront pas, par conséquent, séparés des édifices qui, en ce moment, sont à leur disposition. Il nous semble qu'il y a là, pour eux, un avantage inappréciable.

Naturellement, si la paroisse ne veut plus payer le loyer du presbytère et de l'église, ces édifices tomberont dans le domaine public. L'État et la commune en disposeront à leur gré et pourront les louer, soit à des conférenciers, soit à des sociétés qui en auront besoin pour des réunions.

— Nous savons bien que le clergé catholique protestera, le cas échéant, contre la désaffectation des Églises ; les objets sacrés qui sont déposés dans ces édifices ne peuvent, dira-t-il, tomber dans le domaine public. Mais les ecclésiastiques et les fidèles n'auront qu'à en payer le loyer à l'État et à la commune pour les conserver. S'ils les abandonnent, ils n'auront qu'à s'en prendre à eux-mêmes.

Notre projet sera très favorable à l'État. Le budget recevra, dès la première année, une partie des loyers payés pour les édifices du culte. En 50 ans environ, il bénéficiera, par an, de tous les traitements des ecclésiastiques, c'est-à-dire de 86 millions, et nous ne comptons pas les subventions de toutes sortes qu'il accorde à l'Église romaine, dans les différents chapitres du budget.

Avant de rédiger le texte de notre projet de séparation des Églises et de l'État, nous étudierons la question des Congrégations, car elle mérite aussi un examen attentif.

A. ANDRÉ.

DIX-HUITIEME ARTICLE

Alençon, le 16 octobre 1902.

Nous ne remonterons pas à la création des Congrégations et nous n'étudierons pas leur histoire avant la Révolution. Au reste, cette histoire ne présenterait aucun intérêt relativement à la séparation des Eglises et de l'Etat.

Ce que nous voulons faire ressortir, c'est l'influence prépondérante que les congrégations ont prise en France après avoir été supprimées par *l'Assemblée nationale constituante* — la plus modérée des Assemblées de la Révolution — et sans que le Concordat ait prévu leur rétablissement. Ensuite nous examinerons la situation qui doit leur être faite par le régime de la séparation des Eglises et de l'Etat. Les cahiers des Etats-Généraux, même ceux du clergé, demandaient pour la plupart la suppression des congrégations.

Le comte d'André, député de la noblesse

d'Aix, s'écria, au moment où la suppression de l'esclavage fut votée : « Nous devons aussi défendre à un homme de sacrifier sa liberté morale, l'esclavage moral doit être interdit. » Il visait alors les Congrégations et nous avons, sous les yeux, plusieurs écrits de sa main qui indiquent clairement ce qu'il pensait à ce sujet. La plupart des députés de la noblesse pensaient d'ailleurs comme lui.

D'André reprit la question à la séance du mardi 28 octobre 1789 et il obtint, en faveur de sa proposition, la presque unanimité de l'Assemblée. Les trois ordres avaient en quelque sorte fusionné sur cette question.

Nous tenons avant tout à citer des documents certains et nous évitons autant que possible, dans cette étude, les interprétations personnelles, les commentaires, car on pourrait nous taxer de parti pris. En histoire, il ne faut qu'une passion, celle de la vérité.

Voici l'extrait du procès-verbal de l'Assemblée nationale du mardi 28 octobre 1789, tel que nous le trouvons dans la *Collection générale des décrets rendus par l'Assemblée et sanctionnés ou acceptés par le roi*. [Imprimé chez Beaudouin, imprimeur de l'Assemblée nationale, rue du Foin-Saint-Jacques, 1790] :

L'Assemblée nationale ajourne la question sur les vœux monastiques ; cependant par provision elle décrète que l'émission des vœux sera suspendue dans tous les monastères de l'un et de l'autre sexe et que le présent décret sera porté de suite à la sanction royale et envoyé à tous les tribunaux et à tous les monastères.

Collationné conforme à l'original par nous Président et Secrétaire de l'Assemblée nationale. A Paris, le 28 octobre mil sept cent quatre-vingt-neuf.

Signé : Camus, président ; Thibault,
curé de Souppes, secrétaire.

Donc, en attendant la suppression des Congrégations, il fut défendu « de se réduire à l'esclavage moral », les vœux monastiques furent interdits, « par provision ».

Le 13 février 1790, la question fut de nouveau examinée et l'Assemblée rendit un décret « portant abolition des vœux monastiques et suppression des congrégations régulières ». Il nous paraît inutile de reproduire complètement le texte du décret que nous retrouvons dans la même collection que celui du 28 octobre 1789.

D'André avait essayé, le 27 août 1789, de faire introduire dans le texte de la Déclaration des Droits de l'homme un 18e article concernant la suppression des congrégations, les autres députés d'Aix : Mirabeau et Bouché, avaient vainement appuyé sa proposition. La majorité craignit alors de remettre la « Déclaration des Droits de l'homme et du citoyen » en discussion, et elle vota l'arrêté suivant :

L'Assemblée nationale reconnaît que la Déclaration des Droits de l'homme et du citoyen n'est pas finie. Elle va s'occuper sans relâche de la Constitution ; si, dans le cours de sa discussion, il se présente quelque article qui mérite d'être inséré dans la Déclaration, il sera soumis à la délibération lorsque la Constitution sera terminée.

En effet, dans le Préambule de la Constitution, dernier paragraphe, nous trouvons :

La loi ne reconnaît plus de vœux religieux ni aucun autre engagement qui serait contraire aux droits naturels ou à la Constitution.

Sur une question posée par Dupont au sujet de ce paragraphe et de celui « qui constatait le droit des pauvres aux secours publics », d'André répondit : « Nous avons placé cet article dans la Constitution, qui sera sans doute aussi durable que la Déclaration d'où elle dérive. » (*Moniteur*).

L'abolition des vœux monastiques était donc

rattachée, par les députés de la noblesse, du clergé, et du Tiers-Etat, à un principe fondamental. Ils tenaient à ce que la Déclaration des Droits abolît « l'esclavage moral » ou tout au moins à ce que le Préambule de la Constitution réparât l'oubli du 27 août 1789.

Le 3 septembre 1791 la Constitution fut déclarée complètement achevée. Une députation de soixante membres alla le même jour la présenter au roi et le lendemain 4 septembre, en séance publique, celui-ci prêta le serment de fidélité « à la nation, à la Constitution et à la loi ».

A partir du 4 septembre 1791, les congrégations sont donc constitutionnellement abolies. Pendant la Révolution, elles disparaissent complètement de France, sauf en Vendée où les sœurs de la Sagesse excitent les révoltés, les chouans, contre les Bleus, contre les soldats de la République.

Le Concordat ne parle pas des congrégations et les « articles organiques » consacrent la disparition des établissements congréganistes.

Voici l'article 11 : Les archevêques et évêques pourront, avec l'autorisation du gouvernement, établir dans leurs diocèses des chapitres cathédraux et des séminaires. *Tous autres établissements ecclésiastiques sont supprimés.*

Ce texte est clair ; les Congrégations sont supprimées sans exception. Si nous vivons sous le régime du Concordat, la question des Congrégations dont on s'occupe, en ce moment, au Parlement, est d'avance traitée. Les Congrégations n'existent pas légalement, ni d'après le Concordat, ni d'après les articles organiques.

Mais nous devons tenir compte des situations acquises pour le clergé régulier de même que pour le clergé séculier. Les Congrégations pullulent aujourd'hui, leurs biens se sont accrus avec une rapidité des plus inquiétantes pour la société laïque et pour l'Etat. Si donc, les Congrégations n'ont pas d'existence légale, elles n'en existent pas moins et n'en sont pas moins puissantes. Le clergé séculier lui-même souffre de l'influence du clergé régulier. Ce sont les Congrégations qui dominent les fidèles catholiques et troublent la société.

Comment sont-elles arrivées à ce développement ? Comment ont-elles pu former un Etat dans l'Etat ? C'est ce que nous allons maintenant examiner.

A. ANDRÉ.

DIX-NEUVIÈME ARTICLE

Alençon, le 23 octobre 1902.

Napoléon, devenu empereur, donna lui-même l'autorisation aux deux premières congrégations qui se reconstituèrent : les *Lazaristes* et les *Pères des Missions étrangères*. Il pensait que ces moines seraient d'utiles instruments de propagande à son service dans les pays étrangers ; mais il reconnut bientôt son erreur. Les Lazaristes et les Pères des Missions étrangères n'obéirent qu'au pape, et l'empereur Napoléon Ier fut une fois de plus joué par l'Eglise.

Sous la Restauration, les Congrégations reprirent un nouvel essor et devinrent bientôt la « Congrégation » qui forme encore aujourd'hui un puissant Etat dans l'Etat. Dès 1814, le parti catholique afficha la prétention de diriger la France, et d'après son programme, toute latitude était laissée aux Congrégations qui n'avaient plus qu'à se développer avec la haute protection du roi.

Aussi les ordres religieux furent-ils les agents les plus actifs de la réaction.

Le pape Clément XIV avait aboli la Compagnie de Jésus, mais Pie VII la rétablit le 6 août 1814, et elle reparut et grandit en France à l'ombre du trône des Bourbons. Cependant, les Jésuites se cachèrent encore, ils dissimulèrent leur titre impopulaire en se faisant appeler *Paccanaristes* ou « *Pères de la foi* ».

Il est vrai de dire que ces précautions disparurent vite et que les *Jésuites* prirent bientôt la direction de la *congrégation* de la Vierge qui, sous leur impulsion, devint la maîtresse incontestable du pays. « Des gentilshommes en grand nombre, des hommes politiques, de hauts fonctionnaires même y étaient affiliés. » (Debidour).

Ajoutons que la « Société des Missions de France », fondée à Paris en 1814, soutenue et inspirée par la *Congrégation*, donna aux Jésuites un appui considérable. La Société des « Missions de France » inonda les campagnes « de prédicateurs ignorants, mais fanatiques et hardis, prêchant en plein air contre l'esprit du siècle et la Révolution, faisant chanter à la foule de pieux cantiques sur les airs connus de

Femme sensible, de *Jeunes Amants*, *Cueillez des Fleurs* ou du *Chant du départ* ; provoquant des processions théâtrales, des prières publiques, *des réparations* ; élevant des calvaires ; rendant enfin, par tous les moyens, la religion bruyante et populaire. A partir de 1817, ils complétèrent ces manifestations par des *autodafés* de livres et de brochures dont les philosophes du xviiie siècle firent généralement tous les frais » (Debidour).

D'autre part, les biens de mainmorte purent se reconstituer à la faveur de la loi du 7 janvier 1817 et de l'ordonnance du 2 avril de la même année. Nous verrons que les congrégations ont largement profité de la faveur qu'on leur accordait ; elles en sont arrivées à menacer la fortune publique.

Par des dons et legs, et même par des subventions royales, des œuvres innombrables se développèrent sous la direction de la congrégation : la *Société des bonnes œuvres* ; la *Société de Saint-Joseph*, qui avait pour but de cléricaliser les ouvriers ; l'*Œuvre de la propagation de la foi* pour la conversion des infidèles ; la congrégation militaire de *Notre-Dame-des-Victoires*, l'*Adoration du Sacré-Cœur-de-Jésus*, l'*Adoration du Sacré-Cœur-de-Marie*, etc., etc.

Le public se persuada dès lors, avec raison,

que la congrégation était toute puissante, et un écrivain royaliste, Viel-Castel, constate lui-même l'omnipotence du parti clérical : « Il faut reconnaître, dit-il, qu'à cette époque (1824), la ferveur réelle ou apparente des sentiments religieux était, dans certaines administrations, un titre puissant pour l'obtention des emplois.

D'ailleurs, il en est encore ainsi en France après trente-deux ans de République ; les PP. commandent toujours en maîtres par l'intermédiaire des employés des ministères. Tel directeur du ministère de l'Instruction publique est, par exemple, qualifié de R. P. par tous les fonctionnaires qui le connaissent.

Louis XVIII mourut en 1824 et sous le règne de Charles X, la Congrégation vit encore augmenter son influence.

M. le comte de Frayssinous, évêque d'Hermopolis, ministre des affaires ecclésiastiques, fit voter la loi du 24 mai 1825, organisant les congrégations.

La Chambre des pairs l'adopta par 174 voix contre 34 et il est curieux de voir aujourd'hui le parti catholique condamner cette loi, analogue à celle de 1901, parce qu'elle impose aux congréganistes des formalités gênantes. Il est vrai qu'en 1825, le roi était tout disposé à favoriser les congréganistes et qu'il ne leur refusait rien. A l'heure actuelle, le Ministère Combes et le Parlement étant moins bien disposés en leur faveur, la loi de 1825, établissant le contrôle de l'État, est condamnée par l'Eglise.

Comme la loi de 1901, celle de 1825 établit que toutes les Congrégations doivent être pourvues de l'autorisation.

Reproduisons les principaux articles de cette loi en ce qui concerne les femmes, car le Parlement s'en occupe en ce moment.

Article 1er. — A l'avenir, aucune congrégation religieuse de femmes ne pourra être autorisée, et, une fois autorisée, ne pourra former d'établissement que dans les formes et les conditions prescrites dans les articles suivants.

Article 3. — Il ne sera formé aucun établissement d'une congrégation religieuse de femmes déjà autorisée s'il n'a été préalablement informé sur la convenance et les inconvénients de l'établissement et si l'on ne produit à l'appui de la demande le consentement de l'évêque diocésain, et l'avis du Conseil municipal de la commune où l'établissement devra être formé. L'autorisation de former l'établissement sera accordée par ordonnance du roi, laquelle sera insérée dans la quinzaine au *Bulletin des lois*.

Nous le répétons, ces formalités, gênantes

aujourd'hui que le gouvernement est républicain, n'en permettaient que mieux aux Congrégations de femmes de se développer sous Charles X. Elles obtenaient toujours l'autorisation et montraient ainsi aux populations que le roi leur était favorable et les appuyait.

Cependant, quelques Congrégations ne prirent pas même la peine de demander l'autorisation.

C'est ainsi que *la société pour la propagande de la foi* se développa considérablement avec l'aide de l'épiscopat sans avoir ni obtenu, ni demandé l'autorisation. « Elle était organisée comme une véritable armée : dix de ses membres formaient une section, dix sections, une centurie, dix centuries, une division, sous l'autorité et la direction d'un conseil supérieur siégeant à Paris. »

Les libéraux et les catholiques gallicans s'inquiétèrent même de ce développement extraordinaire de la Congrégation. Le royaliste Montlosier dénonça les Jésuites aux cours royales comme une perpétuelle cause d'agitation et de scandales, comme un danger public. La *dénonciation* de Montlosier porte ce titre : « Mémoires à consulter sur un système religieux et politique tendant à renverser la religion, la société et le trône. »

La cour royale de Paris examina la dénonciation et se reconnut incompétente, mais elle établit que l'existence des Jésuites en France était illégale.

Considérant, disait-elle, qu'il résulte de l'ensemble et des dispositions des arrêts du Parlement de Paris du 6 août 1762, 1er décembre 1764 et 9 mai 1767, des arrêts conformes des autres Parlements du royaume, de l'édit de Louis XV du mois de novembre 1764, de l'édit de Louis XVI du mois de mai 1777, de la loi du 18 août 1792, et du décret du 3 messidor an XII, que l'état actuel de la législation s'oppose formellement au rétablissement de la société dite de Jésus, sous quelque dénomination qu'elle se présente, que ces arrêts et édits étaient principalement fondés sur *l'incompatibilité reconnue entre les principes professés par cette société et l'indépendance de tous les gouvernements*, principes bien plus incompatibles encore avec la charte constitutionnelle qui fait aujourd'hui le droit public des Français, etc.

Ainsi, sous le gouvernement de Charles X, la cour royale proclamait l'incompatibilité entre les principes professés par les Jésuites et l'indépendance de tous les gouvernements. Sous la 3e République, on laisse la Société de Jésus, à laquelle sont affiliés de hauts fonctionnaires, gouverner indirectement le pays.

Montlosier adressa une *pétition* à la Chambre des pairs. Il réclamait l'exécution des lois existantes contre la *Compagnie de Jésus*. La Chambre se prononça nettement contre cette société et elle renvoya la pétition au gouvernement. Naturellement, celui-ci n'en tint aucun compte (janvier 1827).

Il n'en résulta pas moins un mouvement considérable dans les esprits. Le roi fut obligé de confier le gouvernement à un ministère libéral qui fit paraître, au *Moniteur* le 16 juin 1828, deux ordonnances relatives à l'instruction publique. En vertu de l'une d'elles, les écoles des jésuites seraient soumises à l'Université et nul ne pourrait enseigner s'il n'affirmait par écrit qu'il n'appartenait pas à une Congrégation non autorisée.

Les ultras et le clergé accueillirent cette ordonnance par un débordement de rage et d'injures. Il se fonda une *Association pour la défense de la religion catholique* et les évêques publièrent des mandements indignés. Mais le pape Léon XII ne jugea pas politique une pareille manifestation et il écrivit aux manifestants une lettre qui les réduisit momentanément au silence.

Le ministère montra d'ailleurs peu d'énergie dans l'exécution. Il ferma bien, en apparence, les Collèges des Jésuites ; mais en réalité les PP.

continuèrent à donner l'enseignement et bientôt ils rouvrirent leurs maisons comme si *l'ordonnance* n'avait pas existé.

A. ANDRÉ.

VINGTIÈME ARTICLE

Alençon, le 28 octobre 1902.

Quant aux autres congrégations, elles ne furent pas même visées et elles se développèrent dans tous les départements. Le gouvernement avait fait voter une loi réglant la situation politique des communautés de femmes, comme nous l'avons dit dans l'article précédent ; mais leur permettant aussi de s'enrichir. Une simple ordonnance royale, rendue en Conseil d'Etat, en leur donnant l'autorisation, leur conférait le droit de recevoir des dons et des legs, d'aliéner et de transiger.

C'était une grande victoire pour l'Eglise, et depuis lors cette loi n'a cessé de porter ses fruits. À l'heure acuelle, les Congrégations de femmes sont très riches ; elles possèdent *plusieurs milliards*.

On devine que les couvents se multiplièrent après la promulgation de cette loi. Un député,

Kératry, les dénonçait en ces termes : « La France, disait-il, se couvre de couvents de femmes, par la fâcheuse connivence de son gouvernement. Elle est sillonnée en tous sens par des missionnaires ultramontains. Qu'enseigne-t-on dans ces couvents ?

A quoi aboutissent ces missions ? A propager l'idolâtrie du cordicolisme (le culte du sacré-cœur), à charger d'honnêtes gens de scapulaires, de rosaires et d'amulettes reçus en première main des jésuites. »

Le pape Léon XII mourait le 10 février 1829 et son successeur, Pie VIII, débutait par une encyclique sévère contre l'esprit moderne où il se prononçait contre la tolérance, la liberté des cultes, le mariage civil et l'enseignement laïque.

En France, le ministère Polignac qui avait succédé au ministère Martignac gouverna dans le sens de l'encyclique de Pie VIII et ne tarda pas à provoquer la Révolution de 1830.

La Révolution victorieuse n'exerça d'ailleurs sur l'Eglise que de faibles représailles ; quelques couvents furent momentanément fermés, mais Louis-Philippe, *le roi des barricades*, qui voulait avoir le clergé pour lui, les fit rouvrir dès 1831.

Donc le parti religieux se ressaisit rapidement et il en fut quitte pour la peur.

L'ultramontain Lamennais fit alors une éclatante adhésion aux principes de la Révolution et il conçut le dessein de réconcilier l'Eglise avec la liberté. Selon lui l'Eglise ne devait pas identifier sa cause à celle d'une dynastie, « car elle est en dehors et au-dessus de tous les pouvoirs humains ». Le moment était venu, pour elle, disait-il, de se séparer de l'Etat ; « sa loi serait désormais le droit commun, c'est-à-dire la liberté ». Nous insistons sur ce point, car aujourd'hui, nous demandons, comme Lamennais pour les Eglises, la liberté et le droit commun.

Les évêques redoutaient les idées hardies de Lamennais, ils demandèrent au pape de le condamner et c'est ce qu'il fit par son encyclique du 15 avril 1832.

Mais l'exemple donné par Lamennais ne fut pas perdu. Ses amis, Lacordaire, Montalembert, Ozanam reprirent son œuvre avec plus de modération. « Ils ne voulaient effaroucher ni les papes ni les rois : leur programme bien délimité comportait deux articles essentiels : la liberté d'association et la liberté d'enseignement (Debidour). »

En 1833, Frédéric Ozanam, un étudiant de vingt ans, fonda sur le modèle de la *Société des bonnes œuvres*, qui n'avait pas survécu à la Révolution de 1830, la *Société de Saint-Vincent-*

de-Paul. Cette confrérie avait pour but « de porter des consolations aux malades et aux prisonniers, de l'instruction aux enfants pauvres, abandonnés ou détenus, les secours religieux à ceux qui en manquent au moment de la mort ». Elle devait, quoique toute dévouée à l'Eglise, être dirigée par des laïques. Elle se développa rapidement et devint redoutable par ses moyens d'action. « Elle fonda des crèches, des salles d'asile, des orphelinats, des patronages d'écoliers, d'apprentis et d'ouvriers, procura gratuitement des avocats aux pauvres, distribua des secours aux mendiants et visita les malades et les prisonniers. » Inutile de dire que tous les établissements furent confiés à des sœurs quoique la direction dût rester laïque.

De 1835 à 1840, l'influence du parti clérical ne cessa d'augmenter même quand Guizot fut ministre de l'instruction publique. Le budget du culte catholique grossit chaque année. Le *Cercle catholique*, la *Société de Saint-Vincent-de-Paul*, l'*Association pour la propagation de la foi* étendirent leur influence. Quant à la mainmorte ecclésiastique, elle se reconstitua rapidement. « *Les Lazaristes* avaient en France 400 établissements et possédaient à eux seuls vingt millions de capitaux. Ils dirigeaient des distilleries et une agence de remplacement militaire.

Les Frères des écoles chrétiennes multipliaient leurs établissements sous l'œil bienveillant de l'administration. »

Le plus grave, c'est que le gouvernement laissa se développer les congrégations non autorisées. Les *Chartreux* fondèrent sans opposition de nouveaux monastères. L'ordre des *Bénédictins* se reconstitua sous dom Guéranger, à Solesmes. Lacordaire publia un retentissant mémoire pour le rétablissement des *Frères Prêcheurs* (Dominicains), et il s'enferma au couvent de la Quercia pour y faire son noviciat. Il reparut bientôt dans la chaire de Notre-Dame revêtu du froc de dominicain.

Les jésuites profitaient du mouvement ; ils avaient en France, en 1835, 25 ou 30 maisons professes sans compter les noviciats. La compagnie dédoubla, en 1836, sa province de France. Tout puissants à Rome, les jésuites dominèrent le clergé régulier et le clergé séculier ; un des leurs, le P. Ravignan, prêcha publiquement à Notre-Dame.

Ils tarifèrent et graduèrent les indulgences comme au temps de la Réforme : « Moyennant 15 francs, on pouvait obtenir l'indulgence plénière à l'article de la mort pour soi-même, ses parents et vingt-cinq personnes à son choix, ce qui, vraiment, n'était pas cher. Chapelets et croix indulgenciés, droit de lire des livres défendus, tout se vendait et enrichissait la Congrégation.

Les processions et les pèlerinages suivis de quêtes reprirent faveur. On célébra les miracles de la *Sainte Tunique*, du *Précieux sang*, de la médaille de *l'Immaculée-Conception*.

Le parti catholique et les Jésuites en perdirent toute mesure et, après avoir obtenu leur part de liberté, ils entreprirent de renverser l'Université à force de calomnies et d'outrages.

L'évêque de Bellez, dans un mandement, appelait ses collègues des *écoles de pestilence*. Un autre prélat, l'évêque de Chartres, accusait le doux et honnête Jouffroy « d'autoriser implicitement par ses doctrines le *vol, le bouleversement de la société, le parricide, les voluptés les plus infâmes* ». Un chanoine de Lyon, l'abbé Desgarets, affirmait que les conséquences fatales de l'enseignement universitaire, étaient le suicide, le parricide, l'homicide, l'infanticide, le duel, le viol, le rapt, la séduction, l'inceste, l'adultère, etc.

Les cléricaux frappaient alors sur l'Université même catholique comme ils frappent, en ce moment, sur la *laïque*.

Montalembert en arrivait à réclamer pour l'Eglise non seulement la liberté, mais le monopole de l'Enseignement. C'est alors qu'on apprit l'existence d'une vaste *Association catholique* dont les membres s'engageaient à « une soumission sans réserve à notre saint Père le Pape ». Bonald, archevêque de Lyon, conseillait à ses collègues de frapper d'interdit les collèges suspects en leur enlevant leurs aumôniers. L'abbé Combalot excitait les prêtres à ne pas « admettre à la première communion et, à la pâque des chrétiens les enfants catholiques que l'Université s'efforçait de retenir dans son sein. » Les curés de notre époque n'ont rien inventé !

Naturellement, le public se passionna pour la question et les grandes villes comme Paris se prononcèrent contre la Congrégation et les Jésuites. Louis-Philippe fut obligé de tenir compte de l'opinion publique ; mais il agit encore hypocritement selon ses habitudes gouvernementales.

Le 3 mai 1845, la Chambre ayant adopté à une forte majorité l'ordre du jour de Thiers « portant qu'elle se reposait sur le gouvernement du soin de faire exécuter les lois de l'État », le roi entra en négociations avec le pape. Il lui demanda que les Jésuites consentissent à disparaître momentanément de façon à ce que le gouvernement pût faire semblant de ne pas les voir. Le pape répondit qu'il n'avait pas d'*ordres* à donner à la *Compagnie*, mais il lui fit donner le conseil, par ses cardinaux, de se prêter aux désirs de Louis-Philippe. Le 6 juillet, le *Moniteur* publia la note suivante : « Le gouvernement du roi a reçu des nouvelles de Rome. La négociation dont il avait chargé M. Rossi a atteint son but. La *Congrégation des Jésuites cesse d'exister en France* et va se disperser d'elle-même : ses maisons seront fermées, et ses noviciats dissous. » Pour la forme, *trois* maisons professes et *deux* noviciats furent fermés ; mais les Jésuites qui les occupaient furent momentanément répartis entre les maisons et les noviciats conservés.

Là se borna l'*exécution des lois ;* le gouvernement avait, en réalité, sauvé les Jésuites. Lacordaire écrivait : « Nous sommes battus en apparence, victorieux en réalité. »

Les autres communautés religieuses s'étendirent et s'enrichirent librement ; les écoles congréganistes se multiplièrent à vue d'œil. En revanche, les instituteurs laïques étaient dans la situation la plus précaire.

C'est dans cette situation que la République de 1848 trouva les Congrégations. Ne croyez pas qu'elle les fît disparaître, même momentanément.

Tous les partis comptèrent sur l'Evangile prêché par les catholiques pour faire triompher la démocratie. On espérait que le nouveau pape Pie IX « accomplirait la réconciliation de l'Eglise catholique et de la société moderne ».

C'est à peine si en 1848, on essaya de lever un premier impôt social sur les biens ecclésiastiques comme légère compensation aux droits de mutation par décès ou entre vifs que ne supportent pas les congrégations. Nous examinerons ultérieurement cette situation en détail. Les congrégations échappèrent à l'impôt, car la République fut trop vite étranglée par Bonaparte pour avoir pu obliger l'Eglise à payer la moindre contribution. Il ne nous resta de cette tentative que l'estimation des biens de mainmorte en 1848. La valeur de ces biens fut évaluée approximativement à *deux milliards*.

A. ANDRÉ.

VINGT ET UNIÈME ARTICLE

Alençon, le 6 novembre 1902.

En 1850, la *Loi Falloux* livra l'enseignement à la Congrégation, malgré les efforts de Barthélemy-Saint-Hilaire, de Jules Favre et de Victor Hugo. Cependant quelques ultra-catholiques jugeaient insuffisants les avantages accordés à l'Eglise romaine ; Parisis, évêque de Langres, déclarait qu'il se résignait à subir la loi Falloux mais en attendant mieux et en déplorant que l'Université, « ce foyer d'immoralité, d'athéisme, d'incrédulité, d'esprit anarchique et révolutionnaire », ne fût pas enfin réduite à néant.

Montalembert et ses amis obtinrent également que l'Eglise ait la haute main sur toutes les institutions d'assistance publique. Naturellement elle confia aux congrégations l'exécution des mesures de charité. Le comte de Melun n'en constata pas moins avec douleur dans un rapport parlementaire que nombre d'associations religieuses, *non reconnues par la loi*, étaient empêchées de faire le bien. Il demandait pour elles « la liberté complète, la liberté légale ». Il n'eut pas longtemps à s'en plaindre car les congrégations non autorisées se multiplièrent en France et personne ne les inquiéta.

D'ailleurs, Louis-Napoléon, qui rêvait d'un coup d'Etat, voulait se ménager l'appui de l'Église et, dans ses voyages à travers la France, il édifiait les populations par sa déférence envers les évêques, il donnait sans compter aux couvents. L'Université subissait une épuration et les instituteurs aux idées *subversives* étaient révoqués, les autres, par nécessité, redevenaient *bien pensants*. Michelet quittait le collège de France et Vacherot l'école normale. La Congrégation était triomphante.

L'Église facilita le coup d'État du 2 décembre 1851 et l'Empereur ne se montra pas ingrat pour un si grand service. Le décret-loi du 31 janvier 1852 permit aux communautés et congrégations de femmes d'obtenir, par simple décret, la reconnaissance légale qui, jusqu'alors, ne pouvait être accordée que par une loi. Désormais, les congrégations n'eurent qu'à demander pour être autorisées. D'où vient que bon nombre d'entre elles ne sollicitèrent jamais l'autorisation ? C'est apparemment qu'elles se sentaient maîtresses du pays et, par orgueil, l'Église romaine ne se soumet qu'à la force. Elle reçoit des génuflexions ; mais elle ne rend la politesse même qu'aux forts et aux puissants. Napoléon III était faible ; l'Église et la congrégation ne se gênèrent pas pour en profiter, et en abuser.

Les missions à l'intérieur reparurent dans tous les départements. De 1852 à 1860, l'Empire accorda beaucoup plus d'autorisations aux congrégations que n'en avaient accordé les Bourbons de 1814 à 1849.

Les ordres religieux consacrés à l'enseignement s'enrichirent rapidement, grâce à la loi Falloux. Dans des milliers de communes, l'enseignement primaire fut livré aux congréganistes. L'enseignement secondaire fut aussi envahi par les *Maristes* et les *Jésuites*, qui s'attachèrent à former de bons candidats pour les écoles du gouvernement. Bon nombre de hauts fonctionnaires sont de leurs élèves et ils tiennent encore entre leurs mains les rouages de la République.

Les *Maristes* avaient, en 1852, 13 maisons et 1.500 élèves ; les *Jésuites*, 11 maisons et 3.000 élèves. N'oublions pas de dire que 123 petits séminaires, absolument indépendants, élevaient 25.000 enfants. Quant aux confréries laïques dirigées par l'Église et protectrices des congrégations, elles devinrent de véritables États dans l'État.

« L'association cosmopolite pour la *propagation de la foi* recevait en France *deux millions* de souscriptions annuelles. La société de *Saint-Vincent de Paul*, également internationale et placée sous le patronage d'un cardinal demeurant à Rome, comptait en 1855, en France, *1.360 conférences*, son budget s'élevait à plus de trois millions, elle multipliait ses écoles d'apprentis, ses écoles du soir, ses vestiaires, ses bibliothèques, ses caisses d'épargne, étendait chaque jour son influence sur la classe ouvrière. » (Debidour).

Ce ne sont pas d'ailleurs les quelques démêlés du pape Pie IX et de Napoléon III qui empêchèrent la Congrégation d'agir et de développer son influence. Le clergé régulier n'obéit au pape que s'il y trouve son intérêt, et quand l'Empereur est le plus fort, les moines crient : Vive l'Empereur ! Les congrégations n'eurent donc pas l'air de connaître les divisions existantes entre le Pape et Napoléon III et elles continuèrent à s'enrichir. D'ailleurs, l'impératrice Eugénie, qui prit un ascendant de plus en plus grand sur l'Empereur, était toute dévouée au parti clérical. C'est elle qui dirigea les attaques des prélats français contre Duruy, contre ses écoles primaires, contre ses bibliothèques populaires. Son projet de loi discuté en 1867 fut dénoncé comme attentatoire à la religion parce qu'il tendait à faire rentrer dans le droit commun les congrégations enseignantes. L'Église ne pardonnait pas aussi à Duruy de revendiquer pour l'État une part dans l'instruction des femmes.

Sainte-Beuve, qui défendit au Sénat la cause de Duruy et de la science, en fut félicité par l'École normale supérieure : Par la volonté de l'Impératrice, l'Ecole normale fut dissoute.

La République ne combattit pas, après 1870, la Congrégation ou tout au moins elle ne la combattit pas avec efficacité.

Au mois de mars 1879, Jules Ferry déposa un projet de loi sur l'enseignement supérieur : la collation des grades devait être restituée exclusivement aux facultés de l'État et l'article 7 du projet retirait aux membres des Congrégations non autorisées le droit d'enseigner. Le clergé mena contre l'article 7 une violente campagne ; dans toute la France les cléricaux signèrent des pétitions comme ils le font en ce moment contre la loi des Associations de 1901.

Le projet du ministre n'en fut pas moins entièrement voté par la Chambre en juillet 1879 ; mais le Sénat rejeta l'article 7 le 9 mars 1880. Toutefois, le reste du projet subsista, et les jurys mixtes furent abolis.

Les groupes républicains de la Chambre des députés, poussés par la résistance du Sénat, demandèrent énergiquement l'application stricte de la loi aux congrégations non autorisées. Les décrets du 29 mars 1880 prononcèrent la dissolution de l'ordre des Jésuites et donnèrent aux autres ordres un délai de six mois pour solliciter l'autorisation légale. Les décrets furent appliqués aux Jésuites en juin et aux autres congrégations non autorisées d'hommes en novembre. Disons que jamais les élections qui suivirent cet acte de vigueur apparente ne furent aussi favorables aux républicains (1881).

Il n'en faut pas moins ajouter que les Jésuites et autres congréganistes, chassés par la porte en 1880, étaient rentrés par la fenêtre dès 1881. On aurait pu dire à Jules Ferry :

Les gens que vous tuez se portent assez bien.

Néanmoins, Jules Ferry eut le grand mérite de regarder en face la Congrégation et de faire voter contre elle les lois scolaires de 1881 et de 1882, posant le triple principe de l'obligation, de la gratuité et de la laïcité de l'enseignement primaire. M. Goblet, en 1886, fit voter la loi du 30 octobre, fixant un délai pour la substitution d'un personnel laïque dans toutes les écoles publiques de garçons.

La loi ne fixant aucun délai pour le personnel des écoles de filles, les administrations locales, dévouées à l'Église, et les hommes politiques influents en profitèrent pour retarder la laïcisation.

M. Combes a pris le pouvoir au moment où les plus grandes difficultés surgissaient. La loi de 1901, sur les associations, venait d'être votée, et il fallait l'appliquer ; or, la congrégation est riche et influente, et la lutte doit forcément être vive. Mais le pays républicain tout entier est avec le Gouvernement pour faire rentrer les Congrégations dans le droit commun.

D'après les statistiques établies sur des données assez précises, il est démontré que la fortune totale des Congrégations atteint le chiffre formidable de *vingt-cinq milliards de francs*. Ce capital monstre est placé dans les banques, en dépôts, en actions, en fonds d'Etats étrangers, et notamment en titres de l'emprunt *allemand*.

Si, comme on prétend le faire croire aux naïfs, les Congrégations employaient cet immense trésor au soulagement de la misère, le plus poignant des problèmes sociaux pourrait être résolu : les nécessiteux ne manqueraient pas de pain, les malades recevraient des soins, les orphelins et les vieillards seraient assurés d'un asile.

Mais il n'en est rien ; les congrégations accumulent sans cesse, — nous allons voir comment, — et elles limitent strictement leurs dépenses.

A. André.

VINGT-DEUXIÈME ARTICLE

Alençon, le 20 novembre 1902.

Nous n'insisterons pas ici sur ce point que bon nombre de congrégations font appel à la charité publique. Elles se livrent à une véritable mendicité et tombent ainsi sous le coup de la loi.

L'article 405 du Code pénal permet, en effet, d'atteindre les chevaliers d'industrie de toutes les promotions, et puisqu'on en fait un si fréquent usage pour les pauvres diables, on peut l'appliquer aux religieux et principalement aux ordres mendiants. La loi peut sévir si elle veut. Cet article de loi vise ceux qui abusent de la crédulité des citoyens pour s'emparer de leur fortune par des promesses irréalisables et des moyens frauduleux.

Mais les appels à l'aumône n'enrichissent pas aussi facilement les Congrégations que le commerce et l'industrie. Les Congréganistes se sont mis fabricants et marchands d'alcools en prenant des sujets religieux pour marques de fabrique. Ils vendent du drap, des meubles ; ils sont éditeurs, imprimeurs, etc., etc. A Villeneuve-sur-Lot, une Congrégation de femmes tient un hôtel meublé et sans payer patente. Il est inutile de songer à l'établissement d'un autre hôtel prospère dans cette petite ville ; il serait immédiatement ruiné par une concurrence déloyale.

On ne compte plus, en Frrance, les orphelinats congréganistes dans lesquels de pauvres enfants sont exploités A. M. D. G. Dans toutes les villes, on trouve des asiles de vieillards, des refuges où de pauvres hères travaillent pour le vivre et le couvert. La Congrégation réalise de ce chef d'énormes bénéfices et les industriels qui paient patente ne peuvent soutenir la concurrence avec elle, car son travail est à vil prix. Les refuges font la lingerie, blanchissent et repassent à des prix dérisoires, enlevant ainsi aux mères de famille le pain quotidien. Mais pourvu que la Congrégation s'enrichisse, il lui importe peu que des enfants souffrent de la faim et du froid. Tous les ouvriers intelligents devraient pétitionner pour que les congréganistes fussent traités par le droit commun. Si les Congrégations payaient patente, si elles ne jouissaient pas de privilèges exorbitants, les commerçants et les industriels ne souffriraient pas de ses agissements. Il est vrai que si la Congrégation ne jouissait pas de ces privilèges, elle ne serait pas la Congrégation, elle ne serait qu'une Association religieuse. Personne n'aurait alors l'idée de l'interdire et même de la combattre. La liberté de former des associations même religieuses est sacrée ; la Congrégation toute-puissante, privilégiée, formant un Etat dans l'Etat, est seule condamnable.

Or, la Congrégation a tous les droits sans avoir un seul devoir correspondant. Les Congrégations sont des personnes civiles ; elles reçoivent des dons et des legs et pourtant la loi de 1790 est toujours en vigueur. Les Congrégations qui légalement n'ont pas le droit d'exister (loi de 1790 et Concordat de 1801) ne s'en multiplient pas moins en fait, et elles reçoivent des dons et des legs qui augmentent extraordinairement leur fortune.

D'ailleurs, certaines congrégations assurent leur avenir par des moyens que nous allons indiquer. Nous avons étudié bon nombre de statuts de congrégations de femmes et voici un exemple entre cent de ce que nous y avons trouvé.

Pour entrer au noviciat d'une congrégation

enseignante que nous connaissons bien, il faut apporter un trousseau d'une valeur de mille francs et une dot de cinq mille francs. Si, après deux ans de noviciat, la jeune fille n'est pas jugée digne de prendre le voile ou si elle renonce à l'état religieux, son trousseau et sa dot restent acquis à la Congrégation. Est-il possible d'admettre qu'un gouvernement républicain ferme les yeux sur de pareils agissements ?

Si, au contraire, la novice entre dans la Congrégation, elle conserve ses droits sociaux aux héritages et les richesses qu'elle apporte ainsi, le cas échéant, viennent grossir la mainmorte congréganiste. Remarquons que toutes les jeunes filles qui entrent dans la Congrégation dont nous parlons, appartiennent à des familles riches, puisqu'elles doivent déposer, en se faisant inscrire au noviciat, un trousseau de mille francs et une dot de cinq mille francs. Cette Congrégation est démesurément riche. Dans toutes les localités où elle ouvre une école privée, la totalité des petites filles ont abandonné l'école publique, car la Congrégation paie, au besoin, les parents, pour qu'ils lui confient leurs enfants.

Et quand l'argent est entré dans la caisse de la Congrégation, il n'en sort pas. Depuis quelques années seulement la mainmorte congréganiste paie un droit de succession.

Jusqu'à nos jours, les trésors de la Congrégation s'entassaient sans payer le moindre droit de succession ou de mutation. En effet, quand un citoyen quelconque meurt, ses héritiers paient des droits d'autant plus élevés que le degré de parenté est plus éloigné. La Congrégation ne mourant jamais, elle n'avait jamais rien à payer.

Voyez-vous maintenant combien de pareils privilèges sont menaçants pour l'avenir de la société. Encore un siècle ou deux et les Congrégations posséderaient seules la richesse publique. Elles reçoivent toujours et ne dépensent jamais.

N'est-ce pas ce qui explique que leur fortune totale atteint en ce moment le chiffre formidable de vingt-cinq milliards de francs ?

Il est à remarquer d'ailleurs que les Congrégations sont nombreuses dans les contrées riches où elles bénéficient de larges aumônes, de dons et legs, et qu'elles désertent, au contraire, les contrées pauvres où il leur faudrait dépenser et pratiquer la charité. Ce sont, en somme, de véritables parasites de la société.

Les Congrégations, quoique vouées, d'après leur règle, à la pauvreté, s'enrichissent donc insatiablement, accaparant le sol, l'industrie et le commerce, provoquant la ruine des petits marchands et affamant l'ouvrier par une exploitation condamnable de la main-d'œuvre. Il existe, en France, environ 5.650 congrégations exerçant les professions les plus diverses, « depuis celle de marchand de porcs jusqu'à celle d'entrepreneur de diligences en passant par les cabaretiers, tenanciers d'hôtels plus ou moins borgnes, etc., etc. » Par l'argent qu'elles draînent au nom de la religion, elles peuplent de leurs créatures toutes les administrations de l'Etat et des grandes compagnies et elles dirigent ou subventionnent tous les journaux hostiles aux institutions démocratiques qui nous dirigent. En formant ainsi un puissant Etat dans l'Etat, elles sont devenues un danger permanent pour la société. Nous verrons prochainement ce qu'on veut et ce qu'on doit en faire.

A. ANDRÉ.

VINGT-TROISIÈME ARTICLE

Alençon, le 2 décembre 1902.

Nous connaissons maintenant la Congrégation et les dangers qu'elle crée en accaparant
la fortune publique et en divisant le pays, par
son enseignement, en deux parties ennemies.

Le gouvernement et les Républicains se sont
émus de la situation et, en 1901, ils ont élaboré
la loi sur les Associations qui devrait anéantir
la Congrégation au point de vue politique, tout
en lui permettant de vivre comme Association
religieuse. Si cette solution était nette, nous
n'aurions aucune inquiétude à en concevoir;
mais il n'en est pas ainsi et, au contraire, les
Congrégations vont trouver le moyen d'acquérir
une existence légale, de par la loi de 1901, jus-
tement votée pour les anéantir. La loi Waldeck-
Rousseau va devenir, si nous n'y prenons garde,
le *Concordat* des Congrégations.

L'Eglise romaine excelle à tourner contre ses

adversaires les armes qu'ils ont forgées contre elle.

A l'heure actuelle, les Républicains espèrent que l'Eglise et la Congrégation vont rester dans le droit commun; celles-ci espèrent, au contraire, tourner la loi et devenir plus fortes.

D'après la loi de 1790, les Congrégations sont supprimées en France. Le Concordat de 1801 ne parle pas des Congrégations qui, par conséquent, n'ont pas d'existence légale. Un gouvernement ferme et décidé pouvait donc, jusqu'en 1901, les dissoudre sans avoir à rendre compte à personne de ses décisions et de ses actes.

Or, la loi de 1901 parle des Congrégations *existantes* et elle les oblige à demander l'*autorisation*.

Le Parlement peut refuser cette autorisation, mais il peut aussi l'accorder. Les Congrégations ainsi autorisées auront alors une *existence légale* et les fameuses lois de persécution, les fameuses lois scélérates, tourneront au profit de l'Eglise romaine et des Congréganistes. C'est ainsi que les Chambres et le gouvernement travaillent actuellement à établir le *Concordat des Congrégations*. Il ne sera pas facile, plus tard, de l'améliorer; que les républicains ne l'oublient pas!

D'après la tournure que prennent les événements et la discussion, quelques Congrégations hospitalières et agricoles ou industrielles d'hommes et de femmes seraient autorisées; les congrégations enseignantes, contemplatives ou ayant un caractère politique seraient dissoutes.

Assurément, cette demi-mesure ne donnera satisfaction à personne. Les cléricaux crieront à la persécution et les républicains comprendront que la Congrégation n'en sera pas moins toujours vivante et dangereuse. Elle aura même, nous le répétons, l'existence légale.

Cependant, la Congrégation est, en principe, utile ou dangereuse. Elle doit exister ou être dissoute et les deux thèses sont soutenables avec de solides arguments.

La France de la Révolution condamne la Congrégation et nous en avons donné les raisons, pourquoi dès lors établirait-on une différence d'espèce entre les établissements congréganistes ? Le gouvernement et les Chambres peuvent-ils posséder une pierre de touche certaine pour dire : Voici une bonne, voici une mauvaise Congrégation ? Nos pères de 1790 étaient plus logiques ; ils défendaient « l'esclavage moral » comme « l'esclavage matériel et personnel » et ils interdisaient les congrégations, les vœux et la mainmorte. Avec quels arguments établit-on que cinq Congrégations d'hommes doivent obtenir l'autorisation qui sera refusée à toutes les autres ? Ce n'est pas sérieux. Nous pensons bien que la Chambre des députés et le Sénat accorderont ou refuseront l'autorisation à toutes les Congrégations en bloc.

Etes-vous bien sûrs que si cinq congrégations d'hommes existent légalement, elles ne serviront pas bientôt d'étiquettes à tous les congréganistes que vous prétendez disperser ?

Les « Cisterciens » ayant l'autorisation, par exemple, tous les membres des Congrégations dissoutes se feront « Cisterciens », en apparence, et ils n'en conserveront pas moins « leur règle » et leurs statuts en réalité. Comment les en empêcherez-vous ? La Congrégation renaîtra toujours de ses cendres si vous lui permettez de conserver vivace le moindre germe de développement.

Nous voyons bien l'objection que vous nous ferez. En tous cas, direz-vous, les « Cisterciens » ne pourront *exister* que pour accomplir l'œuvre dont il est parlé dans les statuts et dans l'autorisation. Les Congrégations enseignantes, par exemple, disparaîtront, car les « Cisterciens » ne seront pas autorisés à enseigner. C'est vrai et il y a là un résultat appréciable. Nous nous demandons pourtant si les congréganistes ne trouveront pas un moyen pour donner individuellement l'enseignement au titre privé. Attendons avant de nous prononcer le vote de la loi Chaumié ou de la loi Brisson, c'est-à-dire de la nouvelle loi sur l'enseignement.

En tout cas, empêcherez-vous les Congrégations de conserver la fortune colossale qu'elles possèdent, si tous les congréganistes s'affilient aux quelques Congrégations autorisées ? Ce n'est pas certain.

La thèse soutenue par la Cour d'appel de Rennes, si elle est acceptée, leur permettra, il nous semble, de conserver leurs biens et d'éterniser la mainmorte.

Dans le cas où la dissolution a lieu par suite de l'intervention légale du Gouvernement, la situation est claire. Chaque congréganiste et les ayants-droit qui prouvent la validité de leurs créances, reçoivent ce qui leur revient de la fortune de la Congrégation. Le reste est mis sous séquestre par l'Etat.

Mais si la Congrégation n'attend pas d'être dissoute par le Gouvernement, si elle liquide pacifiquement, la Cour de Rennes prétend que personne n'a le droit d'intervenir dans la répartition de ses biens. Voici une Congrégation qui n'attend pas la mise en demeure pour se dis-

soudre, ses membres ne veulent pas résister à
la loi et aux décrets, cependant ils se séparent
involontairement parce que la loi les y oblige.
Dans ce cas, la Cour de Rennes prétend qu'ils
peuvent liquider leurs biens à leur gré sans
que le Gouvernement et la Justice aient à intervenir.

Dans ces conditions, vous devinez ce qui va
se passer. Les Congrégations n'attendront pas
la mise en demeure pour se dissoudre et leurs
membres entreront en apparence dans une
Congrégation autorisée à laquelle ils porteront
tous leurs biens. — La loi sera encore une fois
tournée.

Il n'y a qu'un moyen d'éviter les interprétations différentes de la loi et la confusion, c'est
de supprimer toutes les Congrégations comme
l'ont fait les Constituants en 1790. — La Congrégation est un danger, elle doit disparaître,
mais les Associations religieuses seront permises
et elles vivront sous le régime du droit commun.
Nous espérons que notre projet de séparation
des Eglises et de l'Etat sera, pour les différentes
raisons que nous avons exposées, bien accueilli
par la démocratie.

A. ANDRÉ.

PROJET DE LOI

TITRE Ier

DISPOSITIONS GÉNÉRALES

Article premier. — Les Eglises sont libres dans l'Etat libre.

Art. 2. — Nul ne peut être inquiété pour ses croyances religieuses, les croyances religieuses étant purement individuelles.

Art. 3. — L'Etat ne connaît officiellement aucune religion et ne salarie aucun culte, car les croyances religieuses, relevant de la croyance personnelle, n'ont à jouer aucun rôle public.

Art. 4. — Tous les cultes peuvent, en France, être célébrés dans les locaux qui leur seront préa-lablement destinés par autorisation de l'Etat, mais ils ne pourront être célébrés en dehors de ces édifices, car la liberté du culte ne permet à aucun citoyen, même membre d'un clergé, de gêner la liberté d'autrui.

Art. 5. — Les membres d'un clergé étant vis-à-vis de la loi de simples citoyens seront soumis au régime du droit commun.

Les lois leur seront appliquées comme à tous les citoyens de la République ; ils auront les mêmes droits et les mêmes devoirs.

Art. 6. — Les membres des clergés pourront former librement des associations ; mais ils seront de ce chef soumis aux lois françaises, notamment à la loi du 1er avril 1898 sur les sociétés de secours mutuels, concernant la déclaration, le dépôt des statuts, la présidence, les réunions d'assemblées générales et des Conseils d'administration.

Art. 7. — Les édifices désignés pour la célébration des cultes ne pourront servir à d'autres usages comme par exemple à des réunions politiques. Les fidèles n'y seront réunis que pour célébrer leur religion, et l'officiant ne pourra traiter en chaire que des sujets de religion et de morale.

Art. 8. — L'Etat ne connaissant pas les membres des clergés, il ne peut connaître, le cas échéant, leur costume spécial. Tout citoyen est libre de prendre le costume qui lui convient sauf celui qui serait reconnu par l'Etat comme signe de distinction et l'Etat ne reconnaît officiellement le costume d'aucun clergé.

TITRE II

ASSOCIATIONS RELIGIEUSES

Art. 9. — Les fidèles d'une religion pourront s'associer par commune, par canton, par arrondissement et par département.

Art. 10. — Chaque association nommera un conseil d'administration composé d'un président, d'un trésorier, d'un secrétaire et de trois autres membres. Ces sept membres désignés par les fidèles formeront, selon le cas, le conseil communal, le conseil cantonal, le conseil arrondissemental, et le conseil départemental.

Art. 11. — Les délégués de ces conseils pourront être autorisés, chaque année, par le

Ministre de l'Intérieur, à se réunir soit en assemblée régionale soit en assemblée générale pour discuter des intérêts généraux de leur religion.

Art. 12. — Les conseils d'administration seront élus comme ceux des sociétés de secours mutuels, selon la loi du 1ᵉʳ avril 1898.

Art. 13. — Les conseils d'administration seront respectivement chargés des intérêts de leur association. Leur président sera responsable des délits et des contraventions que pourrait commettre la société.

Art. 14. — Les communes, les cantons, les arrondissements, les départements ne sont pas tenus d'élire des conseils d'administration ; ce soin regarde uniquement les fidèles de chaque religion et si aucun conseil n'était nommé en France, l'Etat n'aurait pas à s'en occuper.

Art. 15. — L'Etat ne rétribuant aucun culte, ce sont les conseils d'administration qui paieront les membres du clergé et le loyer des églises et des presbytères.

Dans aucun cas, ces conseils ne seront autorisés à posséder en toute propriété des édifices pour le culte et des presbytères.

Art. 16. — Dans les communes où aucune association ne sera fondée, le culte ne pourra être célébré, car aucun édifice spécial ne pourra être loué à cet effet.

Art. 17. — Le préfet est chargé d'examiner les statuts de chaque association religieuse de son département et de les autoriser.

Art. 18. — Chaque association fournira le 1er janvier de chaque année, au préfet qui les transmettra au Ministre de l'intérieur, un rapport faisant connaître son état moral et financier.

Art. 19. — Les congrégations pourront se transformer en associations religieuses en remplissant les conditions prévues par la présente loi.

Naturellement la loi ne reconnaît aucun vœu et supprime la mainmorte.

La congrégation devra donc liquider ses biens et les remettre aux ayants-droit avant de se transformer en association religieuse.

TITRE III

DISPOSITIONS TRANSITOIRES

I. — Du Clergé

Art. 20. — Les droits pécuniaires acquis par

les membres des clergés au moment de la promulgation de la présente loi sont garantis.

Art. 21. — Tout membre rétribué d'un clergé, à la date de la promulgation de la présente loi, sera inscrit à titre personnel, au Budget des pensions civiles, pour une rente viagère égale au traitement fixe qu'il reçoit.

Art. 22. — Cette pension civile lui sera payée sa vie durant même s'il renonce ultérieurement à ses fonctions sacerdotales.

L'État n'aura pas à savoir s'il appartient encore à un clergé autrefois rétribué.

Art. 23. — Dans aucun cas cette pension ne pourra être supérieure au traitement fixe payé actuellement au membre du clergé qui devient pensionnaire.

Art. 24. — Quand le pensionné mourra, sa pension rentrera dans le budget de l'État.

Art. 25. — L'État n'aura plus à savoir — à dater de la promulgation de la présente loi — si les membres du clergé sont ou ne sont pas rétribués par les fidèles.

II. — Des édifices religieux

Art. 26. — Sauf pour les cathédrales et les églises métropolitaines qui appartiennent au domaine public, les associations religieuses paieront un loyer annuel à la commune, au département ou à l'État, pour les églises et les presbytères dont elles disposeront.

Art. 27. — Les églises et les presbytères actuels seront légalement conservés par les associations religieuses, sur leur demande, sans que personne ne puisse s'y opposer.

Art. 28. — Le prix du loyer annuel de chacun de ces édifices sera fixé par le préfet après avis du conseil municipal, du Conseil d'arrondissement ou du conseil général, selon qu'il s'agira d'une association communale, arrondissementale ou départementale.

Art. 29. — Si une association religieuse refuse de payer le loyer prévu par la loi, les locaux qu'elle détient seront désaffectés par le préfet en suivant la procédure indiquée à l'article précédent, et ils seront remis à la commune, au département ou à l'État.

Art. 30. — Les cathédrales et les églises métropolitaines dépendant du domaine public, les membres du clergé pourront être autorisés par une loi spéciale à s'en servir sans aucune rétribution pour le service du culte. Dans ce cas, elles seront affectées à la célébration des offices absolument comme elles l'étaient avant la promulgation de la présente loi.

Les cathédrales et les églises métropolitaines ne pourront de même être désaffectées que par une loi spéciale.

TITRE IV

DISPOSITIONS PÉNALES

Art. 31. — Tout membre d'un clergé qui ne se conformera pas aux dispositions de la présente loi sera poursuivi devant le tribunal correctionnel, condamné à une amende de mille à cinq mille francs, à une peine correctionnelle de un an à cinq ans de prison et à la perte de ses droits civils et civiques.

L'article 463 du Code pénal ne lui sera pas applicable.

Art. 32. — Toute association religieuse qui ne se conformera pas aux dispositions de la présente loi sera dissoute.

Son président sera poursuivi devant le tribunal correctionnel, condamné à une amende de cinq mille à vingt mille francs, à une peine correctionnelle de un an à cinq ans de prison et à la perte de ses droits civils et civiques. L'article 463 du Code pénal ne lui sera pas applicable.

Art. 33. — Le Concordat, les articles organiques, toutes les lois, tous les décrets, tous les arrêtés, tous les règlements, concernant les rapports des Églises et de l'État, et concernant les cultes, publiés avant la promulgation de la présente loi, sont et demeurent abrogés.

A. ANDRÉ.

DOCUMENTS ANNEXÉS

LE CONCORDAT

et les Articles organiques

LOI

relative à **l'organisation des cultes,** *du 18 germinal an X (1802) de la République française.*

Au nom du Peuple français, Bonaparte, premier consul, proclame loi de la République le décret suivant, rendu par le Corps législatif, le 18 germinal an X, conformément à la proposition faite par le gouvernement, le 15 dudit mois, communiquée au Tribunat le même jour.

La convention passée à Paris, le 26 messidor an IX, entre le Pape et le gouvernement français, et dont les ratifications ont été échangées à Paris le 23 fructidor an IX (10 septembre 1801), ensemble les articles organiques de ladite convention, les articles organiques des cultes protestants, dont la teneur suit, seront promulgués et exécutés comme des lois de la République.

Le premier consul de la République française et Sa Sainteté le souverain Pontife Pie VII ont nommé pour leurs plénipotentiaires respectifs :

Le premier Consul, les citoyens Joseph Bonaparte, conseiller d'État ; Cretet, conseiller d'État, et Bernier, docteur en théologie, curé de Saint-Laud, d'Angers, munis de pleins pouvoirs ; .

Sa Sainteté, Son Éminence Monseigneur Hercule Consalvi, cardinal de la sainte Église romaine, diacre de Sainte-Agathe *ad Suburram*, secrétaire d'État ; Joseph Spina, archevêque de Corinthe, prélat domestique de Sa Sainteté assistant au trône pontifical, et le Père Caselli, théologien consultant de Sa Sainteté, pareillement munis de pleins pouvoirs en bonne et due forme ;

Lesquels, après l'échange des pleins pouvoirs respectifs, ont arrêté la convention suivante :

Convention entre le gouvernement français et Sa Sainteté Pie VII. — Le gouvernement de la République française reconnaît que la religion catholique, apostolique et romaine est la religion de la grande majorité des citoyens français.

Sa Sainteté reconnaît également que cette même religion a retiré, et attend encore en ce moment, le plus grand bien et le plus grand éclat de l'établissement du culte catholique en France, et de la profession particulière qu'en font les Consuls de la République.

En conséquence, d'après cette reconnaissance mutuelle, tant pour le bien de la religion que pour le maintien de la tranquillité intérieure, ils sont convenus de ce qui suit :

ARTICLE PREMIER. — La religion catholique, apostolique et romaine sera librement exercée en France ; son culte sera public, *en se conformant aux règlements de police que le gouvernement jugera* NÉCESSAIRES *pour la tranquillité publique.*

ART. 2. — Il sera fait par le Saint-Siège, de concert avec le gouvernement, une nouvelle circonscription des diocèses français.

ART. 3. — Sa Sainteté déclarera aux titulaires des évêchés français qu'elle attend d'eux avec une ferme confiance, pour le bien de la paix et de l'unité, toute espèce de sacrifices, même celui de leurs sièges.

D'après cette exhortation, s'ils se refusaient à ce sacrifice commandé par le bien de l'Église (refus néanmoins auquel Sa Sainteté ne s'attend pas), il sera pourvu, par de nouveaux titulaires, au gouvernement des évêchés de la circonscription nouvelle, de la manière suivante :

ART. 4. — Le premier Consul de la République *nommera, dans les trois mois* qui suivront la publication de la bulle de Sa Sainteté, aux archevêchés et évêchés de la circonscription nouvelle. Sa Sainteté *conférera* l'institution canonique suivant les formes établies par rapport à la France avant le changement de gouvernement.

ART. 5. — Les nominations aux évêchés qui vaqueront dans la suite seront également faites par le premier Consul, et l'institution canonique sera donnée par le Saint-Siège, en conformité de l'article précédent.

Art. 6. — Les évêques, avant d'entrer en fonctions, prêteront directement, entre les mains du premier Consul, le serment de fidélité qui était en usage avant le changement de gouvernement, exprimé dans les termes suivants :

« Je jure et promets à Dieu, sur les saints Évangiles,
« de garder obéissance et fidélité au gouvernement
« établi par la Constitution de la République française.
« Je promets aussi de n'avoir aucune intelligence, de
« n'assister à aucun conseil, de *n'entretenir aucune*
« *ligue*, soit au dedans, soit au dehors, qui soit con-
« traire à la tranquillité publique ; *et si, dans mon dio-*
« *cèse ou ailleurs, j'apprends qu'il se trame quelque*
« *chose au préjudice de l'État, je le ferai savoir au gou-*
« *vernement.* »

Art. 7. — Les ecclésiastiques de second ordre prêteront le même serment entre les mains des autorités civiles désignées par le gouvernement.

Art. 8. — La formule de prière suivante sera récitée à la fin de l'office divin dans toutes les églises catholiques de France :

Domine, salvam fac Rempublicam ;
Domine, salvos fac Consules.

Art. 9. — Les évêques feront une nouvelle circonscription des paroisses de leurs diocèses, qui n'aura d'effet que d'après le consentement du gouvernement.

Art. 10. — Les évêques nommeront aux cures.
Leur choix ne pourra tomber que sur des personnes agréées par le gouvernement.

Art. 11. — Les évêques pourront avoir un *chapitre* dans leur cathédrale, et un séminaire pour leur diocèse, sans que le gouvernement s'oblige à les doter.

Art. 12. — Toutes les églises métropolitaines, cathédrales, paroissiales et autres non aliénées, nécessaires aux cultes, seront remises à la disposition des évêques.

Art. 13. — Sa Sainteté, pour le bien de la paix et l'heureux rétablissement de la religion catholique, déclare que ni elle, ni ses successeurs, *ne troubleront en aucune manière les acquéreurs des biens ecclésiastiques aliénés*, et qu'en conséquence la propriété de ces mêmes biens, les droits et revenus y attachés demeureront incommutables entre leurs mains ou celles de leurs ayants cause.

Art. 14. — Le gouvernement assurera un *traitement* convenable aux évêques et aux curés dont les diocèses et les paroisses seront compris dans la circonscription nouvelle.

Art. 15. — Le gouvernement prendra également des mesures pour que les catholiques français puissent, s'ils le veulent, faire en faveur des églises des fondations.

Art. 16. — Sa Sainteté reconnaît dans le premier Consul de la République française les mêmes droits et prérogatives dont jouissait près d'elle l'ancien gouvernement.

Art. 17. — Il est convenu entre les parties contractantes que, dans le cas où quelqu'un des successeurs du premier Consul actuel ne serait pas *catholique*, les droits et prérogatives mentionnés dans l'article ci-dessus, et la nomination aux évêchés, seront réglés, par rapport à lui, par une nouvelle convention.

Les ratifications seront échangées, à Paris, dans l'espace de quarante jours.

Articles organiques de la Convention
du 26 messidor an IX.

TITRE PREMIER

DU RÉGIME DE L'ÉGLISE CATHOLIQUE DANS SES RAPPORTS GÉNÉRAUX AVEC LES DROITS ET LA POLICE DE L'ÉTAT

ARTICLE PREMIER. — Aucune bulle, bref, rescrit, décret, mandat, provision, signature servant de provision, ni autres expéditions de la cour de Rome, même ne concernant que les particuliers, ne pourront être reçus, publiés, imprimés, ni autrement mis à exécution, sans l'autorisation du gouvernement.

ART. 2. — Aucun individu se disant nonce, légat, vicaire ou commissaire apostolique, ou se prévalant de toute autre dénomination, ne pourra, sans la même autorisation, exercer sur le sol français, ni ailleurs, aucune fonction relative aux affaires de l'Église gallicane.

ART. 3. — Les décrets des synodes étrangers, même ceux des conciles généraux, ne pourront être publiés en France avant que le gouvernement en ait examiné la forme, leur conformité avec les lois, droits et franchise de la République française, et tout ce qui, dans leur publication, pourrait altérer ou intéresser la tranquillité publique.

ART. 4. — Aucun concile national ou métropolitain, aucun synode diocésain, aucune assemblée délibérante n'aura lieu sans la permission expresse du gouvernement.

ART. 5. — Toutes les fonctions ecclésiastiques seront gratuites, sauf les oblations qui seraient autorisées et fixées par les règlements.

ART. 6. — Il y aura recours au Conseil d'État dans tous les cas d'abus de la part des supérieurs et autres personnes ecclésiastiques.

Les cas d'abus sont : l'usurpation ou l'excès de pouvoir, la contravention aux lois et règlements de la République, l'infraction des règles consacrées par les canons reçus en France, l'attentat aux libertés, franchises et coutumes de l'Église gallicane, et toute entreprise ou tout procédé qui, dans l'exercice du culte, peut compromettre l'honneur des citoyens, *troubler arbitrairement leur conscience, dégénérer contre eux en oppression* ou en scandale public.

ART. 7. — Il y aura pareillement recours au Conseil d'État, s'il est porté atteinte à l'exercice public du culte et à la liberté que les lois et les règlements garantissent à ses ministres.

ART. 8. — Le recours compétera à toute personne intéressée. A défaut de plainte particulière, il sera exercé d'office par les préfets.

Le fonctionnaire public, l'ecclésiastique ou la personne qui voudra exercer ce recours, adressera un mémoire détaillé et signé au conseiller d'État chargé de toutes les affaires concernant les cultes, lequel sera tenu de prendre, dans le plus court délai, tous les renseignements convenables et, sur son rapport, l'affaire sera suivie et définitivement terminée dans la forme administrative, ou renvoyée, selon l'exigence des cas, aux autorités compétentes.

TITRE II

DES MINISTRES

Section Ire. — *Dispositions générales.*

ART. 9. — Le culte catholique sera exercé sous la direction des archevêques et évêques dans leurs diocèses, et sous celle des curés dans leurs paroisses.

ART. 10. — Tout privilège portant exemption ou attribution de juridiction est aboli.

ART. 11. — Les archevêques et évêques pourront, avec l'autorisation du gouvernement, établir dans leurs diocèses des chapitres cathédraux et des séminaires. Tous autres établissements ecclésiastiques sont supprimés.

ART. 12. — Il sera libre aux archevêques et évêques d'ajouter à leur nom le titre de *Citoyen* ou celui de MONSIEUR. *Toutes autres qualifications sont interdites.*

Section II. — *Des archevêques ou métropolitains.*

ART. 13. — Les archevêques consacreront et installeront leurs suffragants. En cas d'empêchement ou de refus de leur part, ils seront suppléés par le plus ancien évêque de l'arrondissement métropolitain.

ART. 14. — Ils veilleront au maintien de la foi et de la discipline dans les diocèses dépendant de leur métropole.

ART. 15. — Ils connaîtront des réclamations et des plaintes portées contre la conduite et les décisions des évêques suffragants.

Section III. — Des évêques, des vicaires généraux
et des séminaires.

ART. 16. — On ne pourra être nommé évêque avant l'âge de trente ans, et si on n'est originaire Français.

ART. 17. — Avant l'expédition de l'arrêté de nomination, celui ou ceux qui seront proposés seront tenus de rapporter une attestation de bonne vie et mœurs, expédiée par l'évêque dans le diocèse duquel ils auront exercé les fonctions du ministère ecclésiastique ; et ils seront examinés sur leur doctrine par un évêque et deux prêtres, qui seront commis par le premier Consul, lesquels adresseront le résultat de leur examen au conseiller d'État chargé de toutes les affaires concernant les cultes.

ART. 18. — Le prêtre nommé par le premier Consul fera les diligences pour rapporter l'institution du pape.

Il ne pourra exercer aucune fonction avant que la bulle portant son institution ait reçu l'attache du gouvernement, et qu'il ait prêté en personne le serment prescrit par la convention passée entre le gouvernement français et le Saint-Siège.

Ce serment sera prêté au premier Consul ; il en sera dressé procès-verbal par le secrétaire d'État.

ART. 19. — Les évêques nommeront et institueront les curés. Néanmoins, ils ne manifesteront leur nomination et ils ne donneront l'institution canonique qu'après que cette nomination aura été agréée par le premier Consul.

ART. 20. — Ils seront tenus de résider dans leur diocèse ; ils ne pourront en sortir qu'avec la permission du premier Consul.

ART. 21. — Chaque évêque pourra nommer deux vicaires généraux, et chaque archevêque pourra en nommer trois : ils les choisiront parmi les prêtres ayant les qualités requises pour êtres évêques.

ART. 22. — Ils visiteront annuellement et en personne une partie de leur diocèse, et, dans l'espace de cinq ans, le diocèse entier.

En cas d'empêchement légitime, la visite sera faite par un vicaire général.

ART. 23. — Les évêques seront chargés de l'organisation de leurs séminaires, et les règlements de cette organisation seront soumis à l'approbation du premier Consul.

ART. 24. — Ceux qui seront choisis pour l'enseignement dans les séminaires souscriront la déclaration faite par le clergé de France en 1682, et publiée par un édit de la même année ; ils se soumettront à y enseigner la doctrine qui y est contenue, et les évêques adresseront une expédition en forme de cette soumission au conseiller d'État chargé de toutes les affaires concernant les cultes.

ART. 25. — Les évêques enverront, toutes les années, à ce conseiller d'État, le nom des personnes qui étudieront dans les séminaires et qui se destineront à l'état ecclésiastique.

ART. 26. — Ils ne pourront ordonner aucun ecclésiastique s'il ne justifie d'une propriété produisant au moins un revenu annuel de *trois cents francs*, s'il n'a atteint l'âge de vingt-cinq ans et s'il ne réunit les qualités requises par les canons reçus en France.

Les évêques ne feront aucune ordination avant que le nombre des personnes à ordonner ait été soumis au gouvernement et par lui agréé.

Section IV. — Des curés.

Art. 27. — Les curés ne pourront entrer en fonctions qu'après avoir prêté, entre les mains du préfet, le serment prescrit par la convention passée entre le gouvernement et le Saint-Siège. Il sera dressé procès-verbal de cette prestation par le secrétaire général de la préfecture, et copie collationnée leur en sera délivrée.

Art. 28. — Ils seront mis en possession par le curé ou le prêtre que l'évêque désignera.

Art. 29. — Ils seront tenus de résider dans leurs paroisses.

Art. 30. — Les curés seront immédiatement soumis aux évêques dans l'exercice de leurs fonctions.

Art. 31. — Les vicaires et desservants exerceront leur ministère sous la surveillance et la direction des curés.

Ils seront approuvés par l'évêque et révocables par lui.

Art. 32. — Aucun étranger ne pourra être employé dans les fonctions du ministère ecclésiastique sans la permission du gouvernement.

Art. 33. — Toute fonction est interdite à tout ecclésiastique, même Français, qui n'appartient à aucun diocèse.

Art. 34. — Un prêtre ne pourra quitter son diocèse pour aller desservir dans un autre sans la permission de son évêque.

Section V. — Des chapitres cathédraux, et du gouvernement des diocèses pendant la vacance du siège.

Art. 35. — Les archevêques et évêques qui voudront user de la faculté qui leur sera donnée d'établir des chapitres ne pourront le faire sans avoir rapporté l'autorisation du gouvernement, tant pour l'établissement lui-même que pour le choix des ecclésiastiques destinés à les former.

Art. 36. — Pendant la vacance des sièges, il sera pourvu par le métropolitain, et, à son défaut, par le plus ancien des évêques suffragants, au gouvernement des diocèses.

Les vicaires généraux de ces diocèses continueront leurs fonctions, même après la mort de l'évêque, jusqu'à son remplacement.

Art. 37. — Les métropolitains, les chapitres cathédraux seront tenus, sans délai, de donner avis au gouvernement de la vacance des sièges et des mesures qui auront été prises pour le gouvernement des diocèses vacants.

Art. 38. — Les vicaires généraux qui gouvernent pendant la vacance, ainsi que les métropolitains ou capitulaires, ne se permettront aucune innovation dans les usages et coutumes des diocèses.

TITRE III

DU CULTE

Art. 39. — Il n'y aura qu'une liturgie et un catéchisme pour toutes les églises catholiques de France.

Art. 40. — Aucun curé ne pourra ordonner des prières publiques extraordinaires dans sa paroisse sans la permission spéciale de l'évêque.

ART. 41. — Aucune fête, à l'exception du dimanche, ne pourra être établie sans la permission du gouvernement.

ART. 42. — Les ecclésiastiques useront, dans les cérémonies religieuses, des habits et ornements convenables à leur titre : ils ne pourront, dans aucun cas, ni sous aucun prétexte, prendre la couleur et les marques distinctives aux évêques.

ART. 43. — Tous les ecclésiastiques seront *habillés à la française* et en noir.

Les évêques pourront joindre à ce costume la croix pastorale et les bas violets.

ART. 44. — Les chapelles domestiques, les oratoires particuliers ne pourront être établis sans une permission expresse du gouvernement, accordée sur la demande de l'évêque.

ART. 45. — Aucune cérémonie religieuse n'aura lieu hors des édifices consacrés au culte catholique, dans les villes où il y a des temples destinés à différents cultes.

ART. 46. — Le même temple ne pourra être consacré qu'à un même culte.

ART. 47. — Il y aura dans les cathédrales et paroisses une place distinguée pour les individus catholiques qui remplissent les autorités civiles et militaires.

ART. 48. — L'évêque se concertera avec le préfet pour la manière d'appeler les fidèles au service divin par le son des cloches. On ne pourra les sonner pour toute autre cause sans la permission de la police locale.

ART. 49. — Lorsque le gouvernement ordonnera des prières publiques, les évêques se concerteront avec le préfet et le commandant militaire du lieu, pour le jour, l'heure et le mode d'exécution de ces ordonnances.

ART. 50. — Les prédications solennelles appelées *sermons*, et celles connues sous le nom de *stations* de l'avent et du carême, ne seront faites que par des prêtres qui en auront obtenu une autorisation spéciale de l'évêque.

ART. 51. — Les curés, aux prônes des messes paroissiales, prieront et feront prier pour la prospérité de la République française et pour les consuls.

ART. 52. — Ils ne se permettront, dans leurs instructions, aucune inculpation directe ou indirecte, soit contre les *personnes*, soit contre les autres *cultes autorisés* dans l'État.

ART. 53. — Ils ne feront au prône aucune publication étrangères à l'exercice du culte, *si ce n'est celles qui seront ordonnées par le gouvernement.*

ART. 54. — Ils ne donneront la bénédiction nuptiale qu'à ceux qui justifieront, en bonne et due forme, avoir contracté mariage devant l'état civil.

ART. 55. — Les registres tenus par les ministres du culte, n'étant et ne pouvant être relatifs qu'à l'administration des sacrements, ne pourront, dans aucun cas, suppléer les registres ordonnés par la loi pour constater l'état civil des Français.

ART. 56. — Dans tous les actes ecclésiastiques et religieux, on sera obligé de se servir du calendrier d'équinoxe établi par les lois de la République ; on désignera les jours par les noms qu'ils avaient dans le calendrier des solstices.

ART. 57. — Le repos des fonctionnaires publics sera fixé au dimanche.

TITRE IV

DE LA CIRCONSCRIPTION DES ARCHEVÊCHÉS, DES ÉVÊCHÉS ET DES PAROISSES ; DES ÉDIFICES DESTINÉS AU CULTE ET DU TRAITEMENT DES MINISTRES.

Section Ire. — De la circonscription des archevêchés et des évêchés.

Art. 58. — Il y aura en France dix archevêchés ou métropoles, et cinquante évêchés.

Art. 59. — La circonscription des métropoles et des diocèses sera faite conformément au tableau ci-joint *(non reproduit)*.

Section II. — De la circonscription des paroisses.

Art. 60. — Il y aura au moins une paroisse dans chaque justice de paix.

Il sera, en outre, établi autant de succursales que le besoin pourra l'exiger.

Art. 61. — Chaque évêque, de concert avec le préfet, réglera le nombre et l'étendue de ces succursales. Les plans arrêtés seront soumis au gouvernement et ne pourront être mis à exécution sans son autorisation.

Art. 62. — Aucune partie du territoire français ne pourra être érigée en cure ou en succursale sans l'autorisation expresse du gouvernement.

Art. 63. — Les prêtres desservants les succursales sont nommés par les évêques.

Section III. — Des traitements des ministres.

ART. 64. — Le traitement des archevêques sera de 15.000 francs.

ART. 65. — Le traitement des évêques sera de 10.000 francs.

ART. 66. — Les curés seront distribués en deux classes.

Le traitement des curés de la première classe sera porté à 1.500 francs; celui des curés de la seconde classe à 1.000 francs.

ART. 67. — Les pensions dont ils jouissent, en exécution des lois de l'Assemblée constituante, seront précomptées sur leur traitement.

Les conseils généraux des grandes communes pourront, sur leurs biens ruraux ou sur leurs octrois, leur accorder une augmentation de traitement, si les circonstances l'exigent.

ART. 68. — Les vicaires et desservants seront choisis parmi les ecclésiastiques pensionnés en exécution des lois de l'Assemblée constituante.

Le montant de ces pensions et le produit des oblations formeront leur traitement.

ART. 69. — Les évêques rédigeront les projets de règlement relatifs aux oblations que les ministres du culte sont autorisés à recevoir pour l'administration des sacrements. Les projets de règlements rédigés par les évêques ne pourront être publiés ni autrement mis à exécution qu'après avoir été approuvés par le gouvernement.

ART. 70. — Tout ecclésiastique pensionnaire de l'État

sera privé de sa pension s'il refuse, sans cause légitime, les fonctions qui pourront lui être confiées.

ART. 71. — Les conseils généraux de département sont autorisés à procurer aux archevêques et évêques un logement convenable.

ART. 72. — Les presbytères et les jardins attenants, non aliénés, seront rendus aux curés et aux desservants des succursales. A défaut de ces presbytères, les conseils généraux des communes sont autorisés à leur procurer un logement et un jardin.

ART. 73. — Les fondations qui ont pour objet l'entretien des ministres et l'exercice du culte ne pourront consister qu'en rentes constituées sur l'État ; elles seront acceptées par l'évêque diocésain, et ne pourront être affectées à des titres ecclésiastiques, ni possédées par les ministres du culte à raison de leurs fonctions.

Section IV. — Les édifices destinés au culte.

ART. 75. — Les édifices anciennement destinés au culte catholique, actuellement dans les mains de la nation, à raison d'un édifice par cure et par succursale, seront mis à la disposition des évêques par arrêté du préfet du département. Une expédition de ces arrêtés sera adressée au conseiller d'État chargé de toutes les affaires concernant les cultes.

ART. 76. — Il sera établi des fabriques pour veiller à l'entretien et à la conservation des temples, à l'administration des aumônes.

ART. 77. — Dans les paroisses où il n'y aura point d'édifice disponible pour le culte, l'évêque se concertera avec le préfet pour la désignation d'un édifice convenable.

(Suit le tableau de la circonscription des nouveaux archevêchés et évêchés de la France.)

www.ingramcontent.com/pod-product-compliance
Ingram Content Group UK Ltd.
Pitfield, Milton Keynes, MK11 3LW, UK
UKHW020647120726
13658UKWH00006B/354